Natur und menschliche Freiheit

Bernhard Sarin

Natur und menschliche Freiheit

Die Deutsche Nationalbibliothek verzeichnet diese Publikation
in der Deutschen Nationalbibliografie; detaillierte bibliografische
Daten sind im Internet über https://portal.dnb.de/ abrufbar.

Überarbeitete Fassung von:
Die Evolution der Freiheit und ihre Grenzen, Norderstedt, 2014
Foto auf dem Cover: Bernhard Sarin, 2017
© 2019 Bernhard Sarin
Herstellung und Verlag: BoD – Books on Demand, Norderstedt
ISBN 9783748101048

Inhalt

Wie sehr zu jener Zeit, als Scholastiker noch die Lehrstühle besetzten, der Philosoph sich nur eine Welt in sich selbst zu erbauen trachtete, seine Schüler nur in dem Kunststück unterrichtete, mit willkürlichen Ideen auf eine feine und seltsame Art zu spielen, ist jedem bekannt, der in die Geschichte der Philosophie nur einige Blicke getan. Sie erzählt uns, wie lange die Menschen sich mit diesen unfruchtbaren Bemühungen gequält und dennoch immer dabei auch für Naturforscher gelten wollen, wie endlich treffliche Köpfe eingesehen, dass ein Weltweiser, eh' er über die Dinge der Natur zu reden sich vermisst, erst die Gegenstände selbst zu kennen habe, mit denen sie uns so mannigfaltig und übereinstimmend umgibt.

Johann Wolfgang von Goethe, *Über Newtons Hypothese der diversen Refrangibilität* (*Vorbereitende Arbeiten zur Farbenlehre*, 1790–1808)

Wissenschaft kann man die Philosophie nennen, sofern die *Wissenschaften ihre Voraussetzung* sind. Es gibt keine haltbare Philosophie außerhalb der Wissenschaften.

Karl Jaspers, *Philosophie und Wissenschaft* (*Antrittsvorlesung an der Universität Basel*, 1948)

Die exakten Wissenschaften sind sich ihrer zugleich durch Exklusivität und durch reale Macht ausgezeichneten Position bewusst. Sie sind die Elite, die einzige, von heute und von morgen.

Jean Améry, *Geburt der Gegenwart* (1961)

Vorbemerkung

Die vorliegende Untersuchung über den Begriff der Freiheit schließt an die von Kant[1], Schopenhauer[2] und Nietzsche[3] gebildete Traditionslinie an. Diese Philosophen haben das Erbe des Empirismus, durch den das europäische Denken sich einst von der Scholastik emanzipieren konnte, in einer bis heute gültigen, erkenntnistheoretisch verfeinerten Form überliefert. In der aktuellen Debatte über die Willensfreiheit verteidigen manche Vertreter der akademischen Philosophie dagegen beharrlich das Primat der Metaphysik gegenüber der Empirie. Tatsächlich führt die Untersuchung der menschlichen Freiheit aber auf einen Komplex von physikalischen, biologischen und anthropologischen Fragen, die sich keinesfalls a priori behandeln lassen. Rein theoretische Reflexionen, die nicht auf dem vorhandenen Erfahrungswissen basieren, erschienen hier, wie Goethe[4] es einmal formuliert hat, als „unfruchtbare[] Bemühungen"[5]. Das einzig sinnvolle Vorgehen besteht in diesem Fall darin, die

---

1   Immanuel Kant (1724–1804), Philosoph in Königsberg
2   Arthur Schopenhauer (1788–1860), deutscher Philosoph in der Nachfolge Kants
3   Friedrich Nietzsche (1844–1900), deutscher Philologe und Philosoph
4   Johann Wolfgang von Goethe (1749–1832), deutscher Staatsmann, Naturforscher und Schriftsteller
5   Goethe, *Über Newtons Hypothese der diversen Refrangibilität*, in: *Farbenlehre*, 134

Theorie mit dem neuesten Stand der Erfahrung abzugleichen. Dabei ist zu sehen, dass gerade neuere empirische Erkenntnisse es erlauben, problematische Begriffe auf zweckmäßige Weise zu modifizieren und dadurch bislang ungelöste Fragen zu klären. Entsprechend nutze ich die jeweils aktuell gültigen Darstellungen der betreffenden Fachgebiete. Speziell in Bezug auf das Wesen des Menschen wurden neue Perspektiven zuletzt vor allem durch das Entstehen der Massengesellschaft und der Totalitarismen zu Beginn des 20. Jahrhunderts eröffnet. In diesem Zusammenhang sind nicht nur wissenschaftliche Publikationen relevant, sondern ebenso die Schriften von Zeitzeugen, die aus ihrer Lebenserfahrung persönliche Schlüsse gezogen haben. Von diesen Autoren berücksichtige ich u. a.: Huizinga[6], Ortega[7], Jaspers[8], Arendt[9], Thomas Mann[10], Broch[11], Ossip und Nadeschda Mandelstam[12], Márai[13], Améry[14] und Kertész[15]. Deren Werke geben sowohl Aufschluss über die jüngste kulturelle Entwicklung als auch über die Möglichkeit, unter den hiermit geschaffenen sozialen Bedingungen eine individuelle Freiheit zu bewahren.

---

6   Johan Huizinga (1872–1945), niederländischer Kulturhistoriker und -philosoph
7   José Ortega y Gasset (1883–1955), spanischer Philosoph
8   Karl Jaspers (1883–1969), deutscher Philosoph. Während der NS-Zeit blieb er gemeinsam mit seiner jüdischen Frau in Deutschland. Seit 1948 lebte er in der Schweiz.
9   Hannah Arendt (1906–1975), deutsche Politikwissenschaftlerin und Philosophin. Sie emigrierte zunächst 1933 nach Frankreich und 1940 in die USA.
10 Thomas Mann (1875–1955), deutscher Schriftsteller, Literatur-Nobelpreisträger von 1929. Er lebte seit 1933 in der Schweiz, von 1938 bis 1952 in den USA und danach wieder in der Schweiz.
11 Hermann Broch (1886–1951), österreichischer Schriftsteller und Philosoph. 1938 emigrierte er über England in die USA.
12 Ossip Mandelstam (1891–1938), russischer Dichter. Er wurde von den sowjetischen Behörden verfolgt und starb in einem sibirischen Lager.
    Nadeschda Mandelstam (1899–1980), Frau von Ossip Mandelstam. Sie bewahrte das Werk ihre Mannes und schrieb seit Ende der 50er Jahre Memoiren über ihre gemeinsame Zeit.
13 Sándor Márai (1900–1989, Selbstmord), ungarischer Schriftsteller. Seit 1948 lebte er in der Schweiz und in Italien, seit 1952 in New York, von 1968 bis 1980 erneut in Italien (Salerno) und zuletzt wieder in den USA (San Diego).
14 Jean Améry, eigtl. Hans Mayer (1912–1978, Selbstmord), österreichischer Schriftsteller. 1938 emigrierte er nach Belgien. 1943 wurde er beim Verteilen antinazistischer Flugblätter verhaftet und 1944 in das KZ Auschwitz verbracht. Nach seiner Befreiung im Jahr 1945 lebte er in Belgien.
15 Imre Kertész (1929–2016), ungarischer Schriftsteller, Literatur-Nobelpreisträger von 2002. Bei der Deportation der ungarischen Juden im Jahr 1944 kam er über Auschwitz in ein Außenlager des KZ Buchenwald. Nach seiner Befreiung im Jahr 1945 kehrt in seine Heimatstadt Budapest zurück. Von 2001 bis 2012 lebte er überwiegend in Berlin.

Einleitung

Kant bringt in der *Kritik der reinen Vernunft* (1781, 1787) bei der Auflösung der dritten Antinomie[1] folgende Unterscheidung ins Spiel: „Man kann sich nur zweierlei Kausalität in Ansehung dessen, was geschieht, denken, entweder nach der *Natur*, oder aus *Freiheit*. Die erste ist die Verknüpfung eines Zustandes mit einem vorigen in der Sinnenwelt, worauf jener nach einer Regel folgt. [.../] Dagegen verstehe ich unter Freiheit im kosmologischen Verstande das Vermögen, einen Zustand *von selbst* anzufangen, deren Kausalität also nicht nach dem Naturgesetze wiederum unter einer anderen Ursache steht, welche sie der Zeit nach bestimmte. Die Freiheit ist in dieser Bedeutung eine reine transzendentale Idee, die erstlich nichts von der Erfahrung Entlehntes enthält, zweitens deren Gegenstand auch in keiner Erfahrung bestimmt gegeben werden kann, weil es ein allgemeines Gesetz selbst der Möglichkeit aller Erfahrung ist, dass alles, was geschieht, eine Ursache, mithin auch die Kausalität der Ursache, die *selbst geschehen* oder entstanden, wiederum eine Ursache haben müsse; wodurch denn das ganze Feld der Erfahrung, [...], in einen Inbegriff bloßer Natur verwandelt wird."[2] Naturwissenschaftlern könnte Kants „reine transzendentale Idee" der Freiheit zunächst schlicht obskur erscheinen. Eine auch für sie akzeptable Interpretation ist aber: Der von Kant problematisierte „Zustand" existiert als Erscheinung *für* ein Individuum und *durch* dieses. So gesehen fängt er – vermöge der physischen Existenz des Individuums – „*von selbst*" an, ohne die zeitliche Folge einer anderen Erscheinung zu sein, obwohl er zugleich auch dies ist.

An selber Stelle macht Kant ferner auf einen Zusammenhang zur Freiheit in moralischer Hinsicht aufmerksam: „Es ist überaus merkwürdig, dass auf diese *transzendentale Idee* der *Freiheit* sich der praktische Begriff derselben gründe, und jene in dieser das eigentliche Moment der Schwierigkeiten ausmache, welche die Frage über ihre Möglichkeit von jeher umgeben haben. Die *Freiheit im praktischen Verstande* ist die

---

1 „*Thesis*": „Die Kausalität nach Gesetzen der Natur ist nicht die einzige, aus welcher die Erscheinungen der Welt insgesamt abgeleitet werden können. Es ist noch eine Kausalität durch Freiheit zu Erklärung derselben anzunehmen notwendig."
„*Antithesis*": „Es ist keine Freiheit, sondern alles in der Welt geschieht lediglich nach Gesetzen der Natur." (KrV, *Dritter Widerstreit der transzendentalen Ideen*, B 472f)

2 KrV, *Auflösung der kosmologischen Ideen von der Totalität der Ableitung der Weltbegebenheiten aus ihren Ursachen*, B 560f

Unabhängigkeit der Willkür von der *Nötigung* durch Antriebe der Sinnlichkeit. Denn eine Willkür ist *sinnlich*, so fern sie *pathologisch* (durch Bewegursachen der Sinnlichkeit) *affiziert* ist; sie heißt *tierisch* (*arbitrium brutum*), wenn sie *pathologisch nezessitiert* werden kann. Die menschliche Willkür ist zwar ein *arbitrium sensitivum*, aber nicht *brutum*, sondern *liberum*, weil Sinnlichkeit ihre Handlung nicht notwendig macht, sondern dem Menschen ein Vermögen beiwohnt, sich unabhängig von der Nötigung durch sinnliche Antriebe von selbst zu bestimmen. [/] Man sieht leicht, dass, wenn alle Kausalität in der Sinnenwelt *bloß* Natur wäre, so würde jede Begebenheit durch eine andere in der Zeit nach notwendigen Gesetzen bestimmt sein; und mithin, da die Erscheinungen, so fern sie die Willkür bestimmen, jede Handlung als ihren natürlichen Erfolg notwendig machen müssten, so würde die Aufhebung der transzendentalen Freiheit zugleich alle praktische Freiheit vertilgen. Denn diese setzt voraus, dass, obgleich etwas nicht geschehen ist, es doch habe geschehen *sollen*, und seine Ursache in der Erscheinung also nicht so bestimmend war, dass nicht in unserer Willkür eine Kausalität liege, unabhängig von jenen Naturursachen und selbst wider ihre Gewalt und Einfluss etwas hervorzubringen, was in der Zeitordnung nach empirischen Gesetzen bestimmt ist, mithin eine Reihe von Begebenheiten *ganz von selbst* anzufangen."[3] Kant nimmt demnach an, es sei eine spezifisch menschliche (autonome) Willensbildung mit der vollständigen Integration in eine deterministische Natur verträglich. Wie er in seinen späteren Schriften zur Ethik ausführlicher begründet, könnte der Mensch sich namentlich dann vom Naturgeschehen emanzipieren, wenn er an universellen Prinzipien orientiert ist und sich derart, auf der Basis der Natur, gleichsam ein eigenes „Gesetz" schafft. So lautet Kants Formulierung des Kategorischen Imperativs in der *Kritik der praktischen Vernunft* (1788): „Frage dich selbst, ob die Handlung, die du vorhast, wenn sie nach einem Gesetze der Natur, von der du selbst ein Teil wärest, geschehen sollte, sie du wohl als durch deinen Willen möglich ansehen könntest."[4]

Kants Argumente bezüglich der menschlichen Willensbildung sind durchaus überzeugend. Und er hat recht damit, dass er die genannte Antinomie mit Verweis auf die menschliche Konstitution der Phänomene als gelöst betrachtet. Da die für ein Individuum in der Erfahrung manifesten

---

3   KrV, B 561f
4   KpV, in: Kant, *Schriften* V, 69

Erscheinungen, neben ihrer naturgesetzlichen Bedingtheit in der Zeit, zugleich „noch Gründe haben, die [für dasselbe Individuum in der Regel] nicht Erscheinungen sind" (sie korrespondieren nämlich der physischen Existenz des Individuums als lebender Organismus), besteht die Kausalität der Natur tatsächlich gemeinsam mit der transzendentalen/kosmologischen Kausalität aus Freiheit. Allerdings ist das in der *Kritik der reinen Vernunft* formulierte Konzept der Naturkausalität durch die moderne Physik überholt. Und Kants Bezug auf eine völlig unbestimmt gelassene „intelligible Ursache" der „Erscheinungen"[5] ist aus heutiger Sicht unbefriedigend, denn mittlerweile gibt es Erkenntnisse darüber, wie durch neuronale Prozesse und kulturelle Praktiken die Erscheinungen in Raum und Zeit strukturiert werden. Vor allem aber macht es keinen Sinn, die transzendentale Kausalität, die nur außerhalb der empirischen Kausalreihe wirkt, in Verbindung mit der praktischen Freiheit zu bringen, die empirische Folgen haben soll. Somit liegt es nahe, die Freiheit von vornherein als empirisches Phänomen zu behandeln und danach zu fragen, wie das, was wir »Freiheit« nennen bzw. als solche erfahren, lebenspraktisch realisiert (oder ggf. verfehlt) wird. Dies genügt immer noch Kants Anspruch an eine *„Transzendental-Philosophie"*, die nicht unmittelbar auf bestimmte Gegenstände zielt, sondern auf die menschliche „Erkenntnisart von Gegenständen, so fern diese *a priori* möglich sein soll".[6] Zudem bleibt dieser Ansatz Kants Intuition treu, den Menschen generell als „Teil" der „Natur" aufzufassen (s. o. das Zitat aus der *Kritik der praktischen Vernunft*). Interessanterweise nötigen gerade die Resultate der modernen Physik dazu, den sich als Subjekt der Erkenntnis verstehenden Forscher gleichfalls als Teilnehmer am Naturgeschehen – und nicht mehr wie früher als bloßen Beobachter – zu begreifen, wodurch auch das Konzept der »Naturkausalität« entscheidend verändert wurde. Gleichwohl operieren Philosophen oft noch mit dem im Common Sense verankerten alten Begriff,[7] was ihr Verständnis für die hier vorgetragene Argumenta-

---

5   Kant: „Wenn dagegen Erscheinungen für nichts mehr gelten, als sie in der Tat sind, nämlich nicht für Dinge an sich, sondern bloße Vorstellungen, die nach empirischen Gesetzen zusammenhängen, so müssen sie selbst noch Gründe haben, die nicht Erscheinungen sind. Eine solche intelligible Ursache aber wird in Ansehung ihrer Kausalität nicht durch Erscheinungen bestimmt, obzwar ihre Wirkungen erscheinen und sie durch andere Erscheinungen bestimmt werden können." (KrV, B 564f)
6   KrV, B 25
7   Dagegen ist Kant in seinen nachgelassenen späten Notizen bereits zu der heute gültigen Auffassung gelangt. Siehe hierzu die Belege in Kap. I.

tion erschweren könnte. Ebenso mag es auf manche befremdlich wirken, dass im Folgenden das Phänomen »Leben« in Anschluss an Uexküll[8] mit ganz anderen Kategorien als denen der Physik dargestellt wird, obwohl Lebewesen unbestreitbar vollständig den Naturgesetzen unterliegen. Jene neuen empirischen Paradigmen bieten aber die Grundlage dafür, die Stellung des Menschen in seiner natürlichen und kulturellen Umwelt so zu beschreiben, dass er trotz seiner Eingebundenheit in die Natur als moralisches Wesen gelten kann.

Eine solche Aktualisierung des menschlichen Selbstverständnisses scheint heute um so mehr nötig, als die jüngste Diskussion über die Willensfreiheit, die durch die Fortschritte der Hirnforschung ausgelöst wurde, wieder auf alte, von Kant ererbte Schemata zurückfiel, über die er in seinen späteren Schriften bereits selbst hinausgewiesen hat. Gleichsam reflexhaft warf man etwa erneut die Frage auf, ob die Vorstellung eines freien Willens mit der einer deterministischen Natur verträglich ist. Dass dazu ausgerechnet die Erforschung biologischer Funktionsabläufe Anlass gab, ist einigermaßen absurd, ermöglichen doch eben sie es einem Lebewesen, sich als autonome Instanz gegenüber seiner Umwelt zu positionieren. Auch hätte es wohl nicht erst des kürzlich wieder in die Debatte geratenen Libet-Experiments[9] bedurft, um in Rechnung zu stellen, einige Prozesse der neuronalen Verhaltenssteuerung könnten – wie von Libet quantitativ nachgewiesen – einen gewissen Vorsprung vor dem Bewusstsein der korrespondierenden Handlungsimpulse haben. Dem Alltagsverstand mag aufgrund dieses Befunds sogleich die Willensfreiheit als Illusion und der Begriff der persönlichen Verantwortlichkeit als hinfällig erscheinen. Das Experiment widerlegt aber allein die verbreitete Meinung, der Körper eines Menschen sei lediglich das (mehr oder weniger fügsame) Instrument seiner bewussten Willensentscheidungen. Und dies besagt noch nichts über die persönliche Zurechenbarkeit von Handlungen. Schon ohne ein neurologisches Verständnis der Funktion des »Bewusstseins«[10] in der Verhaltenssteuerung kann gegen jene naive Sicht eingewandt werden: Nicht das Bewusstsein eines Menschen ist die Ursache seines Handelns (welches dann auf wundersame Weise *„von selbst“* anfangen würde), sondern zuallererst verursachen seine physisch manifesten Handlungen

---

8   Jakob Joh. Baron von Uexküll (1864–1944), deutschbaltischer Biologe und Philosoph
9   Siehe etwa Libet, *Haben wir einen freien Willen?* (1999), in: Geyer, *Hirnforschung…*
10   Die Untersuchung kommt ohne diesen Begriff aus, vgl. aber die Anmerkung auf S. 26.

bestimmte objektive Folgen, unabhängig von irgendeinem Bewusstsein. Dabei ist es eine Sache der persönlichen Erfahrung und Bildung, das eigene Handeln unter Beteiligung bewusster Prozesse so zu gestalten, dass es wünschbare bzw. verantwortbare Folgen hat. Und eben ein derart *an der persönlichen Erfahrung ausgerichtetes Verhalten*, das in der Regel kritisch an tradierten Werten orientiert sein wird, ist »*frei*« zu nennen, selbst wenn daran alles im Rahmen der Naturgesetze verläuft und einiges unbewusst bleibt. Ähnlich hat übrigens bereits Freud[11] in *Jenseits des Lustprinzips* (1920) die methodisch fruchtbare Entscheidung getroffen, „nicht [mehr] das Bewusste und das Unbewusste, sondern das *Ich* [als verhaltenssteuernde Instanz, die durch die Erfahrungen des jeweiligen Individuums geprägt ist, teils aber auch unbewussten Motiven folgt] und das *Verdrängte* in Gegensatz zueinander [zu] bringen.“[12] Und zuvor hat Schopenhauer in der *Preisschrift über die Freiheit des Willens* (1839) sogar genau den von Libet nachgewiesenen Sachverhalt beschrieben. Er argumentiert: „Befragte man einen ganz unbefangenen Menschen; so würde er jenes unmittelbare Bewusstsein, welches so häufig für das einer vermeinten Willensfreiheit gehalten wird, etwa so ausdrücken: »Ich kann tun was ich will: will ich links gehen, so gehe ich links: will ich rechts gehen, so gehe ich rechts. Das hängt ganz allein von meinem Willen ab: ich bin also frei.«“ Jedoch sei das, was als „Willensakt“ erfahren werde, nur eine bewusst gewordene „Erscheinung als Leibesaktion“, über die schon vorher, in der „dunkeln Tiefe unsers Innern“, mit unbewusst bleibenden „bestimmenden Gründe[n]“ entschieden worden sei. Dem „Selbstbewusstsein“ zugänglich werde dieses „Resultat“ demnach erst „a posteriori“,[13] was nun tatsächlich durch das Libet-Experiment verifiziert ist.

Die gegenwärtige Diskussion lässt erkennen, dass immer noch der überholte Dualismus zwischen noumenaler und empirischer Welt, bei Philosophen oft gepaart mit einem vornehmen Desinteresse an der Empirie, das Denken bestimmt. Trotz gemeinsamer Arbeitsgruppen respektive Veröffentlichungen von Natur- und Geisteswissenschaftlern findet ein echter Austausch anscheinend nicht statt. Dies ist vor allem zum Nachteil der Letzteren. Denn durch die faktische Abwehr empirischer Erkenntnisse

---

11 Sigmund Freud (1856–1939), österreichischer Psychologe und Kulturkritiker
12 Freud, *Werke* XIII, 18
13 Schopenhauer, *Preisschrift…* (zur Frage: »*Lässt die Freiheit des menschlichen Willens sich aus dem Selbstbewusstsein beweisen?*«), in: *Werke* III, 487-489

fällt es ihnen leicht, die eigenen (»genuin philosophischen«) Gedankenge-
bäude im akademischen Rahmen zu bewahren, wodurch diese aber ihre
allgemeine Relevanz verlieren. [14] Schon Nietzsche, als Philosoph ein aka-

---

14 Siehe etwa den Sammelband Heilinger (Hrsg.), *Naturgeschichte der Freiheit* (2007), der
das gleichnamige Projekt einer interdisziplinären Arbeitsgruppe an der *Berlin-Bran-
denburgischen Akademie der Wissenschaften* dokumentiert. Unter den daran beteiligten
Philosophen entzieht sich namentlich Olaf L. Müller allen empirischen Argumenten. So
legt er in seinem Beitrag *Die Diebe der Freiheit. Libet und die Neurophysiologen vor dem
Tribunal der Metaphysik* am Gedankenexperiment eines »Gehirns im Tank« dar, mög-
licherweise gebe es einen „übergeordneten Bereich der Wirklichkeit", der sich mit „der
Sprache der Naturwissenschaften" nicht beschreiben lasse. Entsprechend sei die Freiheit
ein metaphysisches Problem, das nicht in das Gebiet der Neurophysiologie falle. (360)
Als eine positive Ausnahme erscheint auf den ersten Blick hingegen der Philosoph Sven
Walter, der in *Illusion freier Wille? Grenzen einer empirischen Annäherung an ein philosophisches Problem* (2016) dafür wirbt, „die Einsichten verschiedener Disziplinen unter
einen Hut zu bringen": „Nur so eröffnet sich nämlich ein Ausweg aus der fruchtlosen
Sackgasse gegenseitiger Animositäten, in die sich Philosophie und empirische Wissenschaften in den vergangenen Dekaden manövriert haben." (*Einleitung*, 8) De facto
errichtet jedoch auch er eine Barriere zwischen der Fachphilosophie und der empirischen Forschung. Denn er stellt eine Vielzahl philosophischer Gedankenspiele vor,
deren Kenntnis für eine sinnvolle Teilnahme der „Empiriker" an der „philosophischen
Freiheitsdebatte" angeblich nötig sei. (Kap. 3, 51) Dabei ist leicht zu sehen, dass etliche
dieser Überlegungen ohne ernsthafte Rücksicht auf die Modelle der – methodisch stets
um Konsens bemühten – empirischen Wissenschaftler entwickelt wurden, was sie aus
deren Sicht disqualifiziert. Und Walter selbst betont, „genuin philosophische Auseinan-
dersetzungen" würden „insbesondere nicht auf der Basis empirischer Befunde" aus-
getragen. (Kap. 2, 35 f) Um einen Dialog zu ermöglichen, müssten die Philosophen aber
im Sinne Kants auf jedes transzendente Spekulieren „im luftleeren Raum" verzichten.
(KrV, *Einleitung*, B 8) Diesbezüglich schreibt Kant bereits in seiner Dissertation (1770),
philosophische „Begriffe" beruhten darauf, dass man „bei Gelegenheit der Erfahrung" auf die – reale – „Tätigkeit" der Erkenntniskräfte achtet. (*Über die Form und die
Prinzipien der sinnlichen und der Verstandeswelt*, § 8, in: *Schriften* II, 395) Mit Jaspers
wäre ferner daran zu erinnern, dass philosophisches Denken ohnehin „allgegenwär-
tig", also nicht auf den Fachbetrieb beschränkt ist: „Die Aufgabe des auf den Lehr-
stühlen vertretenen berufsmäßigen Philosophierens ist, diese überall gegenwärtige
unentrinnbare Philosophie hell werden zu lassen, zumal durch die Überlieferung der
großen geschichtlichen Gestalten der Philosophie." (*Die Aufgabe der Philosophie in
der Gegenwart*, Radiovortrag im Basler Studio, 1953, in: *Philosophie und Welt*, 9 f) Als
konkrete Schwäche von Walters Untersuchung erkenne ich, dass in ihr der Begriff der
»Kausalität«, wie ihn die moderne Physik impliziert, und der Begriff des »Lebens«, der
schon im 19. Jh. eine Klärung erfuhr, keinen Eingang gefunden haben, obwohl sie von
erheblicher Relevanz gewesen wären. Außerdem erscheint es mir zu kurz gegriffen,
wenn Walter in Hinsicht darauf, wie Freiheit durch situationale Einflüsse konterkariert
werden kann, nur belanglose Beispiele aus dem Alltag nennt (Kap. 12), während er die
für das 20. Jahrhundert zentrale Erfahrung des Totalitarismus völlig außer Acht lässt.
Letzteres Phänomen würde viel deutlicher die Hinfälligkeit der Freiheit (aufgrund
von Ideologisierung, Konformismus etc.) erkennen lassen, und seine Analyse könnte
wesentlich dazu beitragen, dass solche Zustände nicht wider neu entstehen.

demischer Außenseiter wie Schopenhauer, hat sich über solche noumen-alen „Hinterwelten" mokiert und prophezeit, der absehbare Verlust dieses allzu billigen Auswegs aus einer „Realität", die man nicht wahrhaben wolle und auf die man daher auch nicht vorbereitet sei, führe geradewegs in den Nihilismus: „Der *Nihilismus* als *psychologischer Zustand* wird eintreten müssen, *erstens*, wenn wir einen »Sinn« in allem Geschehen gesucht haben, der nicht darin ist: so dass der Sucher endlich den Mut verliert. [.../] Der Nihilismus als psychologischer Zustand tritt *zwei-tens* ein, wenn man eine *Ganzheit*, eine *Systematisierung*, selbst eine *Organisierung* in allem Geschehen und unter allem Geschehen ange-setzt hat: [...] aber siehe da, es gibt kein solches Allgemeines! [.../] Der Nihilismus als psychologischer Zustand hat noch eine *dritte* und *letzte* Form. Diese zwei *Einsichten* gegeben, dass mit dem Werden nichts er-zielt werden soll und dass unter allem Werden keine große Einheit waltet, in der der einzelne völlig untertauchen darf wie in einem Element höchs-ten Wertes: so bleibt als *Ausflucht* übrig, diese ganze Welt des Werdens als Täuschung zu verurteilen und eine Welt zu erfinden, welche jenseits derselben liegt, als *wahre* Welt. Sobald aber der Mensch dahinterkommt, wie nur aus psychologischen Bedürfnissen diese Welt gezimmert ist und wie er dazu ganz und gar kein Recht hat, so entsteht die letzte Form des Nihilismus, welche den *Unglauben an eine metaphysische Welt* in sich schließt, – welche sich den Glauben an eine *wahre* Welt verbietet. Auf diesem Standpunkt gibt man die Realität des Werdens als *einzige* Realität zu, verbietet sich jede Art Schleichweg zu Hinterwelten und fal-schen Göttlichkeiten – aber *erträgt diese Welt nicht, die man schon nicht leugnen will...*"[15] Was dem gegenwärtigen philosophischen Dis-kurs trotz Nietzsches Mahnung immer noch mangelt, ist der Mut zu einer „Dezentrierung", bei welcher der Mensch sich in die empirische Welt „als ein Objekt unter anderen einordnet" und seine „Egozentrik" überwindet (analog der normalen Entwicklung eines Kindes „im zweiten Lebens-jahr")[16]. Dabei würde sich erweisen, dass der Mensch als Lebewesen nicht *nur* ein „Objekt" ist, und dass das Leben durchaus eine „*Organi-sierung*" impliziert. Eine solche Selbstobjektivierung unterbleibt jedoch wohl nicht zuletzt aus der Furcht davor, hergebrachten Menschenbildern in anstößiger Weise zu widerstreiten – oder sich selbst zu einer realitäts-

---

15   Nietzsche, *Nachlass der Achtzigerjahre*, in: *Werke* III, 676 ff
16   Piaget/ Inhelder, *Die Psychologie des Kindes*, 23 f

gerechten Sicht durchzuringen und auf dieser Basis, als ein am Geschehen Beteiligter, Verantwortung zu übernehmen. Allein durch eine wie von Nietzsche geforderte Konsequenz kann aber erschlossen werden, welchen Bedingungen die menschliche Freiheit tatsächlich unterliegt. Dualistische Denkformen verhindern dagegen, dass Klarheit über die konkreten Voraussetzungen der Freiheit geschaffen wird. Sie kommen somit praktisch einem Tabu gleich, an dieses Thema zu rühren.

Jenseits von Physik und Neurobiologie führt die in Frage stehende Umorientierung auch zu einer neuen Wertung symbolischer Artefakte, durch deren Vermittlung die menschliche Kultur über die Generationen hinweg bewahrt wird und sich eine vom Naturgeschehen unterschiedene Geistesgeschichte konstituiert. Selbst wenn es sich dabei nur um Bücher oder Kunstwerke handelt, müssen sie hinsichtlich ihrer medialen Wirkung ernst genommen werden. Denn sie besitzen einen entscheidenden Anteil an dem Vermögen, sich im ethischen Sinne zu dezentrieren, also naturalistische Fixierungen zu überwinden und damit eine verantwortlich handelnde Person zu werden. Zur Wirkung materieller Medien erklärt entsprechend Peirce[17] in einem Manuskript zur Semiotik von 1903, ein „Symbol" habe als ein allgemein in Gebrauch stehendes, bedeutsames Zeichen „die Seinsweise einer Gesetzmäßigkeit (im wissenschaftlichen Sinne)": „Folglich verrät, wenn bestimmte Leute sagen, dass etwas »bloß« ein Wort ist, das Adjektiv »bloß« ein tiefgehendes Unverständnis für das Wesen eines Symbols. Ein Wort kann mit dem Urteil eines Gerichts verglichen werden. Es ist nicht selbst der rechte Arm des Sheriffs, doch ist es fähig, sich einen Sheriff zu schaffen und seinem Arm den Mut und die Energie zu verleihen, die ihn wirksam werden lässt. Ist dies nicht für das Urteil eines Gerichts im strikten Sinne wahr, ohne jede Metaphorik?"[18]

In illiberalen Gesellschaften wird in der Regel sogar ein erheblicher Einfluss auf die Produktion und Rezeption symbolischer Medien genommen, um deren Freiheitspotential zu neutralisieren und sie für das herrschende System in Dienst zu nehmen. In Anschluss an Arendt kann man vermuten, hierbei gehe es meist nicht nur um die Abwehr bestimmter konkurrierender Positionen, sondern ganz allgemein um die „Unterdrückung aller höheren Formen geistiger Aktivität", da eine „[g]eistige und künstlerische Initiative" per se das reibungslose Funktionieren des gesell-

---

17 Charles Sanders Peirce (1839–1914), amerikanischer Mathematiker und Philosoph
18 Peirce, *Phänomen und Logik der Zeichen* (*Syllabus of Certain Topics of Logic*), 66

schaftlichen Systems stört und seine Beherrschbarkeit unterminiert.[19] Allerdings ist der Erfolg solcher Bemühungen keineswegs gesichert. Ossip Mandelstam, der in der Sowjetunion als unangepasster Autor verfolgt wurde und 1938 in einem sibirischen Lager starb, bemerkt hierzu in *Ein Dichter über sich selbst* (1928)[20]: „Bei aller Bedingtheit und Abhängigkeit des Schriftstellers von den Wechselbeziehungen der gesellschaftlichen Kräfte bin ich […] fest davon überzeugt, dass die moderne Wissenschaft über keinerlei Mittel verfügt, das Erscheinen erwünschter Schriftsteller dieser oder jener Art hervorzurufen. Da sich die Eugenik in einem rudimentären Stadium befindet, könnten kulturelle Kreuzungen und Pfropfungen jeglichen Typus die unerwartetsten Resultate ergeben. Die Bereitstellung von Lesern ist eher möglich; dafür gibt es auch ein direktes Mittel – die Schule."[21] Mandelstams Frau Nadeschda, die seine Gedichte für die Nachwelt bewahrte und in den 70er Jahren zwei Erinnerungsbände veröffentlichte,[22] relativiert vor dem Hintergrund ihrer späteren Erfahrungen sogar seinen pessimistischen Kommentar zur „Bereitstellung von Lesern": „Ganz unerwartet war [mit dem Aufkommen der Samisdat-Drucke in den 60er Jahren] ›der‹ Leser wieder da – in einem Augenblick, als es darauf eigentlich gar keine Hoffnung mehr gab. Er lernte es einfach, das auszuwählen, was er im Moment brauchte, und die Gedichte, die irgendwie zu ihm unterwegs waren, verwandelten ihn und führten ihn auf einen neuen Weg." „Vor unseren Augen vollzog sich die Wiedergeburt des Lesers […]. Dabei war ja das ganze Ausbildungssystem darauf gerichtet, dass er in dieser Gestalt nicht wieder auftauchte." Gleichwohl bleibt auch sie skeptisch: „Dabei bin ich von seinen Qualitäten gar nicht so sehr überzeugt, denn er ist einseitig auf eine rationalistische und daher nicht sonderlich schmackhafte Speise fixiert. […] Der Durchschnittsleser von heute sucht nicht einmal nach Gedanken. […] Man hat ihn zu lange getäuscht, indem man ihm Surrogate anbot, die sich als eigentliche Gedanken ausgaben. […] Alles,

---

19   Arendt, *Elemente und Ursprünge totaler Herrschaft* (1951, dt. 1955), Kap. 10 - *Der Untergang der Klassengesellschaft / Das zeitweilige Bündnis zwischen Mob und Elite*, 506

20   Zur Zeitschriftenumfrage *Der Sowjetschriftsteller und die Oktoberrevolution*

21   O. Mandelstam, *Das Rauschen der Zeit*, 245

22   N. Mandelstam, *Das Jahrhundert der Wölfe* (orig.: *Vospominanija* [*Erinnerungen*], New York, 1970), *Generation ohne Tränen* (orig.: *Vtoraja kniga* [*Das zweite Buch*], Paris, 1972). Die *Erinnerungen* kursierten bereits seit Mitte der 60er Jahre im russischen Samisdat. Ein dritter Band erschien posthum 1987 in Paris. (Wolfgang Stephan Kissel, *Zur Poetik der Memoiren Nadežda Mandel'štams. Biographische Rekonstruktion nach dem Kulturbruch der Stalin-Zeit*, in: Städtke, *Welt hinter dem Spiegel*, 269-296)

was für ihn noch unverständlich ist, begrüßt dieser neue Leser, und er nennt es einfach irrational und subjektiv. […] Zur Theorie von Subjekt und Objekt hatte sein Vorstellungsvermögen überhaupt keine Beziehung, da er sich an die naive Auffassung hielt, […]: Das Objekt liegt einfach auf dem Tisch, und das Subjekt braucht es nur in seine Bestandteile zu zerlegen, […]. Diese vulgäre Einstellung ist der Erziehung zuzuschreiben, die die alte Generation vernichtet hat, indem sie eine Speise aus lauter Positivismus zusammenbraute. […] Ein ganz primitiver Schrecken beherrscht sie: Die Wirklichkeit ist viel zu grell, als dass man darin Sinn und tatsächliche Beziehungen sehen könnte; noch schrecklicher aber sind ihre Schlussfolgerungen, mit einer ausweglos zwingenden Logik, denen sie zu entkommen suchen. Die ganze Energie einer unüberschaubar großen Masse ist allein darauf gerichtet, sich vor diesem Wirklichkeitsverständnis zu verbeugen und nach Möglichkeit unbemerkt an die Oberfläche zu kommen. Eine der brillantesten Figuren der Geschichte sagte, dass auf den Wechsel der Gedanken, wenn sie einmal versiegt sind, der Wechsel der Wörter folgt.[23] Allzuleicht wird aus einem Wort, das ein sinntragendes Zeichen ist, ein Signal, und ganze Wortgruppen verkümmern zu toten Formeln, die nicht einmal mehr Beschwörungsformeln sind. Die zur zitternden Ware verkommenen Wörter kennen keinen Sinn mehr – er hat sich aus dem Staub gemacht. Der Logos ist in unserer Welt arbeitslos geworden. Er kommt allenfalls dann zurück, wenn die Menschen sich irgendwann einmal daran erinnern werden und einsehen, dass ein Mensch für alles, und zuallererst für seine eigene Seele, die Verantwortung trägt. […/] Und trotz alledem, mag der Leser nun sein wie er mag, hat er die Funktion eines Gerichts. Dafür habe ich Mandelstams Gedichte aufbewahrt und sie ihm übergeben. In dieser sich mühsam dahinziehenden Zeit entwickelt sich ein eigenartiger und interessanter Prozess: Gleichgültig, ohne sich über irgend etwas Rechenschaft zu geben, greift ein Mensch nach Gedichten – und die Gedichte rütteln ihn nach und nach auf, versetzen das schon Absterbende im Leser in Angst und Schrecken, schütteln es sogar nach und nach ab, ein neues Traumbewusstsein weckt die Leser auf und dabei werden die Gedichte selbst plötzlich wieder lebendig, indem sie jenen Leser wieder erwecken, den sie nur ganz leicht anrühren. Eine eigenartige Diffusion entsteht, ein Zu-sich-selbst-Kommen, […]."[24]

---

23 Nach Nietzsche, *Über Wahrheit und Lüge im außermoralischen Sinn* (1873, a. d. Nachl.)
24 N. Mandelstam, *Generation ohne Tränen*, 10, 12-13

Mandelstams Darstellung lässt die individuelle Entwicklung zur freien, verantwortlichen Person als eine kollektive Leistung erscheinen, bei der gewissermaßen jeder Einzelne die Verantwortung „für alles" trägt. *Ob* ein Individuum diese Entwicklung vollzieht, beruht dabei genau genommen nicht auf einer freien Wahl, sondern ist bedingt durch die ihm regulär bereitgestellten – oder auch außer der Ordnung zufällig verfügbaren – Erziehungs- und Bildungsangebote. Insofern besitzt etwa Kants Tadel der „*selbst verschuldeten Unmündigkeit*" aufgrund von „Faulheit und Feigheit"[25] zunächst eher den Status einer positiven Einflussnahme als den einer moralischen Verurteilung von Personen, die sich »auch anders« verhalten könnten. Nur *dass* ggf. jemand im Sinne Mandelstams »zu sich selbst kommt«, was sich mit Kertész als „Gnade" charakterisieren ließe,[26] wäre eine Manifestation von Freiheit. Insbesondere solche Individuen müssen die von ihnen vertretenen Werte aber bisweilen gegen ein repressives oder irrationales Umfeld behaupten – und erst dann wäre Kants „Begriff der *Pflicht*"[27] wirklich relevant. Tatsächlich richtete Kant sich mit seiner Lehre gemäß den Verhältnissen im damaligen Preußen auch nur an höhere, gebildete Schichten.[28] Das Volk bekam dagegen vom Klerus einen weit weniger anspruchsvollen Wertekanon vermittelt, der mehr auf Konformität und Gehorsam als auf Individualität zielte (obwohl Christus geradezu das Urbild eines freien, geistigen Individuums ist, das mit der Allgemeinheit und ihren Herrschern im Konflikt steht[29]). Prob-

---

25 Kant, *Beantwortung der Frage: Was ist Aufklärung?* (1784), in: *Schriften* VIII, 35

26 Kertész: „Wirklicher Nonkonformismus bedeutet, dem System – allen Systemen – das Leben restlos aus der Hand zu nehmen; uns selbst zu Ursache, Wirkung und Resultat zu machen [gleich einem »Naturzweck« nach Kant *] und dabei nichts über das Regime, das System, das sich gegen dies alles – lebensgefährlich – stemmt, zu verschweigen. Es muss offenbar werden, dass der Spalt, aus dem das Leben als Ein-Mann-Unternehmen, so wie ein Grashalm zwischen Steinen, hervorsprießt, existiert, dass die Aleatorik des Systems existiert und die Umkehrung von Verurteiltwerden, die Gnade. All dies Zufälle und Irrationalitäten, aber es sind Zufälle und Irrationalitäten der Struktur: Und darin liegt die Chance … wozu aber eigentlich? …" (*Galeerentagebuch*, Juni 1985, 199)
    * Kant, *Kritik der Urteilskraft* (1790), § 64, B 286

27 Kant, *Grundlegung zur Metaphysik der Sitten* (1785), in: *Schriften* IV, 397

28 Kant beruft er sich in *Der Streit der Facultäten* (1798) ausdrücklich auf die Hierarchie der „eigentlichen Gelehrten", den von ihnen an der Universität instruierten „Werkzeuge[n] der Regierung (Geistliche, Justizbeamte und Ärzte)" und dem wiederum von diesen betreuten „Volk" – „welches aus Idioten besteht". (*Schriften* VII, 18)

29 Auf diese Diskrepanz hat vor allem der dänische Existenzphilosoph Sören Kierkegaard (1813–1855) hingewiesen. Etwa schreibt er in *Die Rechenschaft* (1851): „das Religiöse ist der Ernst, und der Ernst ist: der Einzelne". (*Die Schriften über sich selbst*, 9)

lematisch wurde dieser Mangel an Bildung erst mit dem Aufkommen der Massenherrschaft respektive der Demokratie, als sich nämlich die leichte Lenkbarkeit der Mehrheit als Hindernis für den Aufbau einer liberalen Gesellschaft erwies.

Das von Nadeschda Mandelstam sogenannte „Zu-sich-selbst-Kommen" besteht konkret in der Besinnung darauf, dass jeder Einzelne *aufgrund seiner persönlichen Existenz* einen gewissen Einfluss auf das umgebende System hat, auch wenn dieses noch so übermächtig erscheint. Sie selbst gebraucht dafür in ihren Memoiren das Bild eines im Fluss treibenden Holzspans: „Wir sind nichts anderes als Holzspäne, und der stürmische, fast tollwütige Strom der Geschichte trägt uns davon … Mitten unter diesen Holzspänen gibt es ein paar Erfolgreiche, die sich aufs Lavieren verstehen – sei es, um eine Anlegestelle zu finden, sei es, um in die Hauptströmung zu geraten, damit sie den Wasserstrudeln entkommen. Wie es eben gerade kommt … Der Teufel weiß, wohin uns dieser Strom treibt – wir haben daran keine Schuld: Sind wir denn aus freiem Willen hineingeraten? [/] So ist alles, und so ist es auch wieder nicht … Dieser menschliche Holzspan, sogar der durchschnittlichste, hat die geheimnisvolle Möglichkeit, diesen Strom zu lenken." In den 20er Jahren, in denen sie den Beginn eines verhängnisvollen Irrationalismus lokalisiert, hätten aber die meisten Sowjetbürger ihre individuelle Existenz de facto verleugnet und auf eine aktive Beteiligung am Geschehen verzichtet: „Der Span allein wollte nur auf der Strömung schwimmen, und er wird kaum gekränkt sein, wenn er in einen Strudel gerät. Jeder von uns hat in irgendeiner Form an dem teilgenommen, was ringsum passierte, und sich vor der Verantwortlichkeit drücken, lohnt nicht. Wir waren absolut machtlos, doch dabei haben wir zu leichtfertig kapituliert, weil wir nicht wussten, was zu verteidigen gewesen wäre. Die zwanziger Jahre waren deshalb so verhängnisvoll, weil die Leute nicht nur ihre eigene Hilflosigkeit erkannten, sondern weil sie sie auch noch priesen und jeden intellektuellen, moralischen und geistigen Widerstand für veraltet, lächerlich und unsinnig hielten. Er erschien schlichtweg als Zeichen der Rückständigkeit – man widersetzt sich doch nicht dem Unausweichlichen: Der historische Prozess ist determiniert, genauso wie der Zustand der Gesellschaft. Jedes Mitglied der Gesellschaft stellt eine Einheit dar, einen Holzspan, einen Tropfen in einer zahllosen Masse gleicher Tropfen, die das kollektive Bewusstsein bilden. Im zwanzigsten Jahrhundert hat man ja das kollektive

Bewusstsein entdeckt, man versah es mit etwas von der Art eines Kristalls – neutral gegenüber Gut und Böse –, und man machte diesem Haufen von biologischen Zellen, die die menschliche Gesellschaft bilden, den Vorschlag, im allgemeinen Strom mitzuschwimmen – immer den Siegern hinterdrein. Und Sieger war der, der im richtigen Augenblick die allgemeinen Tendenzen der Geschichte erfasste und sich ihrer zu bedienen wusste. Bekanntlich konnten unsere Herren die Zukunft voraussagen – sie lasen dabei nicht aus dem Kaffeesatz, sondern wandten eine wissenschaftliche Methode an, auch die wirklich wirksame Methode der Einschüchterung und Bestrafung: nicht einseitig Schuldigen gegenüber und denen, die sich widersetzten, sondern ganz egal wem gegenüber. Dazu musste man die Menge erziehen, damit sie gehorsam hinter den Siegern herging und glaubte, was sie wissen: wohin sich der historische Strom bewegt und dass sie ihn lenken können."[30] Eben dagegen leistete aber Ossip Mandelstam, der sich nicht einschüchtern ließ, Widerstand. Schon in *Der Morgen des Akmeismus*[31] (1913, veröffentl. 1919) fordert er die Dichter auf, sie sollten „sich nicht kleinmütig von ihrer eigenen Schwere lossagen, sondern sie freudig annehmen, um die in ihr schlummernden Kräfte aufzuerwecken und architektonisch zu nutzen. Der Baumeister sagt: Ich baue, also bin ich im Recht. Das Bewusstsein der eigenen Rechtlichkeit ist uns wertvoller als alles andere in der Poesie, […]."[32] Übereinstimmend hiermit berichtet seine Frau: „An O. M.s Auftreten und Benehmen war abzulesen, dass er sich mächtig fühlte, was seine Verfolger ganz besonders erboste. Sie verstanden unter Macht Kanonen, Strafvollzug, Berechtigungsscheine für alles (auch für Ruhm) und die Möglichkeit, ihr Porträt bei jedem Künstler in Auftrag geben zu können. O. M. aber bestand hartnäckig auf seinem Recht – wenn man Menschen für ihre Dichtung in den Tod schickte, so zollte man der Poesie Anerkennung, man fürchtete sich vor ihr, sie war eine Macht."[33]

Ein instruktives Gegenbeispiel zu dem von Ossip Mandelstam in der Realität demonstrierten Selbstbewusstsein ist die Figur „Goljadkin" aus Dostojewskis[34] Roman *Der Doppelgänger* (1846). Goljadkin, ein Peters-

30 N. Mandelstam, *Generation ohne Tränen*, 140f
31 Nach gr. *akme* = Spitze, Höhepunkt, Blüte, Reife; literarische Bewegung in Petersburg, deren Ziel die Überwindung des Symbolismus war
32 O. Mandelstam, *Über den Gesprächspartner*, 18
33 N. Mandelstam, *Das Jahrhundert der Wölfe*, 198
34 Fjodor Michailowitsch Dostojewski (1821–1881), russischer Schriftsteller

burger Beamter, unterlässt es eines Tages aus Schüchternheit, Bekannte auf der Straße zu grüßen, und beschließt: so zu tun, „als wäre ich gar nicht ich, sondern irgendein anderer, der mir zum Verwechseln ähnlich sieht." Zur Strafe erscheint ein wirklicher Doppelgänger, der ihn skrupellos ausnutzt, in der Gesellschaft lächerlich macht und aus seinem Amt drängt. Goljadkin kann seine Existenz nicht verleugnen, will sich nun jedoch vor Scham „vor sich selbst verstecken" und wünscht, „in Staub und Nichts verwandelt" zu werden. Zuletzt wird er als unzurechnungsfähig in eine Anstalt verbracht. Bei dieser Gelegenheit erklärt ihm sein Arzt ironisch: „Sie bekommen von der Krone freie Wohnung, Beheizung, Beleuchtung, Bedienung, was wollen Sie denn noch?"[35] Damit spielt Dostojewski ersichtlich auf das würdelose Versorgtsein eines Konformisten an, der sich ganz in die Obhut der herrschenden Macht begeben hat. Theoretisch hätte es also Anfang des 20. Jahrhunderts in der russischen Gesellschaft sehr wohl eine Vorstellung davon geben können, was kulturell „zu verteidigen gewesen wäre"[36]. Tatsächlich spiegelt die Figur Goljadkin eine schon zu Dostojewskis Zeit bestehende Mentalität (nicht nur in Russland), so dass das spätere Versagen der Kultur wenig überrascht.[37]

Nach dem Gesagten erscheint es für die Erklärung und ebenso die Realisierung von Freiheit zuallererst notwendig, den Menschen als *empirischen Teilnehmer*[38] am Geschehen der Natur und der Gesellschaft aufzufassen. Nur auf diese Weise lässt sich ein substantieller Begriff der Freiheit ermitteln, der mit der Prämisse einer geschlossenen Kausalkette natürlicher[39] – also vom Menschen nicht beeinflussbarer – Ursachen vereinbar ist. Kants Annahme einer »intelligiblen« Ursache der Erscheinungen, die außerhalb der Naturgesetze steht, ist zwar insofern plausibel, als der Grund dafür, dass es überhaupt Erscheinungen gibt, gar kein Gegenstand empirischer Kausalerklärungen sein kann. Aber der Versuch, daraus unmittelbar einen Begriff der Freiheit abzuleiten, führt zu keinem

---

35 Dostojewski, *Arme Leute - Der Doppelgänger. Zwei Romane*, 248, 309, 500
36 Siehe das Zitat aus N. Mandelstam, *Generation ohne Tränen*, oben S. 20.
37 Arendt thematisiert in *Elemente und Ursprünge totaler Herrschaft* eine korrespondierende „Spießer"-Mentalität des typischen Nationalsozialisten, der sich „ins Privatleben zurückgezogen hatte, einzig besorgt um Sekurität und Karriere". Diese sei „eine Gesinnung, die es selbstverständlich fand, bei der geringsten Gefährdung der Sekurität alles – Ehre, Würde, Glauben – preiszugeben." (Kap. 10 - *Der Untergang der Klassengesellschaft/ Das zeitweilige Bündnis zwischen Mob und Elite*, 505)
38 Im Sinne von gr. *empeiros* = im Versuch, im Wagnis stehend
39 Nach lat. *nasci*/ gr. *phyein* = entstehen, geboren werden

brauchbaren Resultat. So erweist es sich als eine „reine transzendentale Idee" ohne jeden Erklärungswert, Freiheit einfach als das „Vermögen" zu begreifen, „eine Reihe von Begebenheiten *ganz von selbst* anzufangen". Bildhaft gesprochen impliziert dieser Ansatz die Koexistenz eines intelligiblen Nobody mit einem realen Menschen, der, wie Kant in der *Kritik der reinen Vernunft* einräumt, vollständig den Gesetzen der Natur untersteht, ohne dass irgend etwas von seinem intelligiblen Pendant in Erfahrung zu bringen wäre.[40] Vor allem bleibt dabei unklar, wie die intelligible und die empirische Seite miteinander in Beziehung stehen. Da die Eingebundenheit des Menschen in die Natur hingegen ein unbestrittener Fakt ist, bietet es sich als vielversprechende Alternative zu Kants dualistischem Konzept an, die Freiheit allein aus diesem empirischen Dasein zu erschließen und auf die vorausgreifende Annahme einer (unbedingten und als solche nicht weiter erforschbaren) »Kausalität aus Freiheit« zu verzichten. Das entscheidende Argument für diese Option lautet, dass ein Mensch auf das ihn umgebene System nur als dessen Teil einen – ggf. persönlich zurechenbaren – Einfluss ausüben kann. Hierfür müsste er die empirische Aufgabe bewältigen, sich durch adäquate Formen des Wirkens als autonomes Individuum gegenüber seiner natürlichen und sozialen Umwelt zu positionieren. Konkret verlangt dies von ihm ein rationales – also am überlieferten Wissen und an der persönlichen Erfahrung orientiertes – Verhalten (welche Konditionierung ein empirisches Äquivalent der von Kant veranschlagten transzendentalen Freiheit ist). Wer sich allerdings von der allzu unbeständigen „Welt des Werdens" (Nietzsche) oder der allzu grellen „Wirklichkeit" (N. Mandelstam) entmutigen lässt, kann versucht sein, eine Existenz als rationales und verantwortlich handelndes Individuum erst gar nicht in Erwägung zu ziehen und sich stattdessen den übermächtig scheinenden systemischen Prozessen zu assimilieren, in denen – gleich einer zweiten Natur – eine überindividuelle historische Notwendigkeit herrscht. Der Ideenhistoriker Berlin[41] hat (wie viele andere Intellektuelle) eben in dieser Abwendung vom traditionellen Rationalismus einen folgenschweren Kulturbruch gesehen, unter dessen Voraussetzung Anfang des 20. Jahrhunderts totalitäre Herrschaftsformen wie „Kommunismus und Faschismus" entstehen konnten. Diesbezüglich schreibt er in einem Text von 1949: „Die Unterschiede zwischen den politischen Bewe-

---

40   Siehe die Zitate aus der *Kritik der reinen Vernunft*, oben S. 9–11.
41   Isaiah Berlin (1909–1997), russisch-britischer Philosoph und Ideenhistoriker

gungen des 20. Jahrhunderts und denen des 19. Jahrhunderts sind sehr tief, und sie erwachsen aus Faktoren, deren ganze Kraft erst jetzt erkannt wurde, [...]. Denn es gibt tatsächlich eine Grenze, die das, was unweigerlich vergangen und abgetan ist, von dem trennt, was für unsere Zeit besonders charakteristisch ist. [...] Zu der neuen Auffassung gehört die Vorstellung, dass gewissen unbewussten, irrationalen Einflüssen mehr Gewicht zukommen soll als den Kräften der Vernunft; zu ihr gehört auch die Vorstellung, dass Antworten auf Probleme nicht in rationalen Lösungen bestehen, sondern darin, dass die Probleme selbst beseitigt werden, und zwar mit anderen Mitteln als Denken und Debatte."[42] Freiheit im oben ausgeführten Verständnis erfordert dagegen, die *Rolle der rationalen Person* anzunehmen, also reale Erfahrungen zu machen, diese für das weitere Verhalten zu berücksichtigen und das erworbene Erfahrungswissen außerdem anderen *in selbstloser Weise* mitzuteilen. Wird Letzteres versäumt, schlägt die Ratio in eine irrationale instrumentelle Vernunft um, die nur partikulären Interessen dient. Deren Vertreter sind einem Erfolgskalkül verhaftet, über das sie selbst nicht rational verfügt haben. Bei aller scheinbaren Freiheit mangelt es ihnen somit an Autonomie. Wer sich hingegen darum bemüht, durch die Weitergabe seiner Erfahrung die menschliche Kultur auch über sein eigenes Dasein hinaus zu erhalten, kann das rational begründen und als seine persönliche Wahl ansehen. Denn eben damit würde eine zentrale Funktion in der kulturellen Evolution erfüllt, die das charakteristische Merkmal der menschlichen Lebensform ist.[43] Alle anderen Motive, außer dem des notwendigen Lebenserhalts, erschienen im Vergleich hierzu partikulär. In diesem Sinne hat bereits Mitte des 19. Jahrhunderts Schopenhauer zwischen einer »transzendenten« und einer »immanenten« Einstellung unterschieden.[44]

---

42 Berlin, *Politische Ideen im 20. Jahrhundert* (1949), in: *Freiheit*, 73f
43 Siehe hierzu unten S. 28 und S. 52f.
44 Schopenhauer schreibt in *Parerga und Paralipomena* (1851) über die „transzendente" und die „immanente" „Lebensansicht": „Die erstere Stimmung geht eigentlich daraus hervor, dass im Bewusstsein das *Erkennen* das Übergewicht erhalten hat, wo es alsdann, vom bloßen Dienste des *Willens* sich losmachend, das Phänomen des Lebens objektiv auffasst und nunmehr nicht verhehlen kann, die Nichtigkeit und Futilität desselben deutlich einzusehen. In der anderen Stimmung hingegen herrscht das *Wollen* vor, und das Erkennen ist bloß da, die Objekte des Wollens zu beleuchten und die Wege zu denselben aufzuhellen. – Der Mensch ist groß, oder klein, je nach dem Vorherrschen der einen, oder der anderen Lebensansicht." (Bd. II, *Vereinzelte, jedoch schematisch geordnete Gedanken über vielerlei Gegenstände*, Kap. XXVI - *Psychologische Bemerkungen*, § 337, in: *Werke* V, 662)

24

Entsprechend fragt auch Kertész 1985 im Tagebuch, „wozu" die individuelle Emanzipation von den systemischen Prozessen („uns selbst zu Ursache, Wirkung und Resultat zu machen") eigentlich nötig sei.[45] Und Ende 1988, unmittelbar vor dem politischen Systemwechsel in Osteuropa, notiert er: „Die Freiheit [...] ist wirklich ein Mysterium, doch nicht der sogenannte freie Wille, sondern die Möglichkeit der Unabhängigkeit und des Abstandes von uns selbst, die Möglichkeit der Freiheit und Befreiung von uns selbst."[46] Wahrhaft frei wäre ein Mensch so gesehen erst, wenn er im Anschluss an seine Emanzipation von der Natur und der Gesellschaft auch seine individuellen Belange transzendiert, indem er seine Lebenserfahrung anderen – wie insbesondere späteren Generationen – in verallgemeinerter Form mitteilt. Damit würde er sich aus allen kulturellen Bindungen lösen und als autonome Person eine geistige Existenz realisieren. Das befreit ihn aber keineswegs von seinem empirischen Dasein, sondern verleiht diesem nur die besondere Qualität eines in größtmöglichem Umfang individuell verantworteten Lebens.

Wie ich im Folgenden erläutere, steht eine solche Person zugleich unter physikalischen, biologischen und kulturellen Bedingungen, für die jeweils spezifische Gesetze gelten. Es ist zu sehen, dass namentlich die moderne Physik dazu motiviert, besagte Teilnehmerperspektive einzunehmen, welche die Freiheit grundlegend ermöglicht. Hierdurch kommen auch erst biologische Erklärungen in Betracht. Auf dieser Basis kann das Phänomen der Freiheit schließlich unter dem Gesichtspunkt universeller anthropologischer Kriterien beschrieben werden. Dabei erscheint ein freier Mensch als Träger einer kulturübergreifenden geistigen Tradition, die im Wesentlichen unabhängig von der historischen Entwicklung der Menschheit ist.

---

45 Siehe das Zitat aus dem *Galeerentagebuch*, oben S. 19, Anm.
46 Kertész, *Galeerentagebuch*, 27. Dezember 1988, 243

Anmerkung zum Begriff »Bewusstsein« (zu S. 12)

Aus neurologischer Sicht entsteht Bewusstsein beim Menschen durch *subjektive Referenzen auf explikable Gedächtnisinhalte*. Etwa geschehen bewusste Umweltinteraktionen in Bezug auf die Inhalte des »expliziten Gedächtnisses« (wie z. B. eine mentale »Karte« der räumlichen Umgebung), was als spezifischer neuronaler Prozess raumzeitlich objektivierbar ist.* Da bei zentral organisierten Tieren gleichartige Prozesse ablaufen, ohne dass sie freilich wie wir symbolisch über ihre »bewussten« Erlebnisse kommunizieren, ist auch ihnen ein Bewusstsein zuzuschreiben. Ein Ich-Bewusstsein und ein subjektiv gerichtetes Zeitempfinden kommt durch ein *historisch strukturiertes Gedächtnis* des betreffenden Lebewesens zustande. Eine objektive Zeit (die in eine Raum-Zeit integriert ist und isoliert keine physikalische Bedeutung hat) lässt sich nach Einstein° mittels materieller »Uhren« konstruieren.† Die subjektiv empfundene »Gegenwart« deutet auf die *Funktion* bewusster Interaktionen, nach Maßgabe »früherer« Erfahrungen jeweils aktuell auf die Umwelt oder sich selbst einzuwirken und den Erfahrungshorizont zu erweitern. Ein bewusstes Handeln kann – in selbstreferentiellen Operationen – »später« erinnert und ggf. mit wahrgenommenen Folgen in Relation gesetzt werden. Zudem ist es möglich, verschiedene solcher Erfahrungen im reflektierenden Denken explizit abzugleichen. Das Bewusstsein hat in diesem Verständnis komplexe materielle Prozesse zur Bedingung. Z. B. sind für die visuelle Wahrnehmung eines Gegenstands neben dem Sehapparat und den Funktionen des Gehirns gewissermaßen sogar das Licht und der Gegenstand selbst notwendig. Insofern können Bewusstseinsinhalte raumzeitlich nicht lokalisiert werden, was vor allem der naturwissenschaftlichen Denkgewohnheit widerspricht, lokale Wirkungen (etwa des Willens auf den Körper) anzunehmen. Jedoch handelt es sich hier auch nicht um eine Kausalerklärung der Physik, sondern um eine transzendentale Erklärung im Sinne Kants, d. h. um die (empirische!) Beantwortung der Frage, welches die apriorischen Bedingungen einer kognitiven Leistung sind.

* Siehe Kandel, *Die Molekularbiologie der Gedächtnisspeicherung* (2001), *Explizites Gedächtnis*, in: *Psychiatrie...*, 279-287. Den Zusammenhang zwischen Bewusstsein und explizitem Gedächtnis stellt schon Freud in *Die Traumdeutung* (1900) her. Dort bemerkt er, die menschlichen Denkvorgänge gelangten erst durch eine Assoziation mit Vorstellungen sinnlicher Zeichen zu „Bewusstsein". Im „Traum" geschehe dies mit Hilfe „visueller" Erinnerungsreste, wodurch verdrängte, für gewöhnlich also „unbewusste[]" Wünsche" – in codierter Form – ein „Wahrnehmungsinhalt" werden könnten. Das bewusste Denken im Wachzustand bediene sich hingegen konventioneller sprachlicher „Zeichen", deren semantische „Beziehungen" auf der „Anhäufung einer großen Summe von Erfahrungen in den Erinnerungssystemen" basierten. (*Werke* II/III, 578f, 605) Freud hat zuerst ebenfalls versucht, einen neurologischen Zugang zur Psychologie zu finden, dies jedoch bald zugunsten seiner »metapsychologischen« Modelle aufgegeben. In *Das Unbewusste* (1915) schreibt er darüber: „alle Versuche, die Vorstellungen in Nervenzellen aufgespeichert zu denken [...], sind gründlich gescheitert. Dasselbe Schicksal würde einer Lehre bevorstehen, die etwa den anatomischen Ort des Systems *Bw*, der bewussten Seelentätigkeit, in der Hirnrinde erkennen [...] wollte. Es klafft hier eine Lücke, deren Ausfüllung derzeit nicht möglich ist, auch nicht zu den Aufgaben der Psychologie gehört. Unsere psychische Topik hat *vorläufig* nichts mit der Anatomie zu tun; sie bezieht sich auf Regionen des psychischen Apparats, wo immer sie im Körper gelegen sein mögen, und nicht auf anatomische Örtlichkeiten." (*Werke* X, 273) Hieran schließen nun aber Neurologen wie Kandel neu an (vgl. seinen Aufsatz *Biologie und die Zukunft der Psychoanalyse* von 1999, in: *Psychiatrie...*, 119-183).

° Albert Einstein (1879–1955), deutscher Physiker. 1933 gab er seinen deutschen Pass ab. Seit 1901 besaß er die Schweizer Staatsbürgerschaft und seit 1940 auch die der USA.

† Einstein, *Grundzüge der Relativitätstheorie* (1922, nach Vorlesungen von 1921), 5f, 30f

I Naturkausalität aus Sicht der modernen Physik

Nach heutiger Auffassung geben erfahrungswissenschaftliche Theorien Auskunft darüber, welche Folgen ein bestimmtes Verhalten unter den Bedingungen eines jeweils in Frage stehenden Systems (voraussichtlich) hat. So handelt die Physik von Systemen elementarer Teilchen, die Biologie von lebenden Organismen (welche selbsterhaltende offene Systeme sind), die Soziologie von Gesellschaftssystemen etc. Diese lassen sich im Sinne Kants aber nicht als „Ding an sich" untersuchen, sondern nur mittels einer empirischen Einflussnahme und der folgenden Systemantwort, mithin als menschlich konstituierte „*Erscheinung*"[1].

Zwischen den genannten Systemen gibt es offenbar wesentliche Unterschiede. Dies ist methodisch zu berücksichtigen, wenn über sie eine Theorie gebildet werden soll:

(1) Physikalische Systeme zeichnen sich dadurch aus, dass sie – per Definition – keinem menschlichen Einfluss unterliegen. Zwar sind Experiment (Wirkung auf ein physikalisches System) und Messung (Registrierung der Rückwirkung) menschliche Aktivitäten. Jedoch hängt es von keinerlei menschlicher Konvention ab, wie die Systemantwort ausfällt, denn dem Anspruch nach werden universelle »Natur«-Gesetze ermittelt, die als solche unverfügbar sind. Die Quantenphysiker musste sich sogar damit abfinden, dass die von ihnen gefundenen Gesetze keine Aussagen über Einzelereignisse zulassen, sondern – mit beliebig hoher Präzision – nur über statistische Ensembles. Und sie mussten einsehen, dass Elementarteilchen *nicht beobachtet* werden können. Physikalisch relevant sind hier allein das Experiment, bei dem der Anfangszustand eines Systems präpariert wird (indem man Teilchenstrahlen in einem Beschleuniger in einen definierten Zustand bringt), und die Messung, bei der man seinen Endzustand (mit einer Fotoplatte oder einem anderen Detektor) registriert. Die Vorstellung einer kontinuierlich verfolgbaren und durch Bewegungsgleichungen beschreibbaren Teilchenbahn, von der die klassische Physik wie selbstverständlich ausging, erwies sich dagegen als unhaltbar. Es ist lediglich möglich, eine abstrakte mathematische Formel anzugeben, die den Anfangs- und den Endzustand eines untersuchten Systems in Relation setzt, ansonsten aber keinerlei Anschauungswert hat. Dieses kon-

---

1   KrV, *Transzendentale Ästhetik*, B 45, 33

traintuitive Verfahren resultiert aus einer konsequenten Anwendung der naturwissenschaftlichen Prämisse, dass die Natur nicht durch menschliche Voreingenommenheiten bestimmt wird und es methodisch notwendig ist, sie in ihrer Eigenart zu respektieren.

(2) Eine ähnliche Eigensinnigkeit zeigen biologische Systeme. Aber anders als die in der Physik erforschten Elementarteilchen unterliegen sie als komplexe Organismen, die sich beständig reproduzieren, einer – wenngleich langsamen – Evolution durch Mutation und Selektion. Sie weisen also nicht die idealtypische Konstanz physikalischer Objekte auf, und sie sind durchaus auch vom Menschen manipulierbar. Demnach stellt sich hier die in der Physik sinnlose Frage, auf welche Weise planvoll in die untersuchten Systeme eingegriffen werden kann.

(3) Wieder anders liegt der Fall bei den Humanwissenschaften. Für die dort untersuchten Systeme ist es geradezu konstitutiv, dass sie vom Menschen gestaltet wurden und durch eine Vielzahl kulturspezifischer Konventionen strukturiert sein können. Dennoch gelten auch hier universelle Gesetze. So unterscheidet sich die menschliche Lebensform gegenüber allen anderen Lebensformen durch den Prozess der kulturellen Evolution, der alle Kulturen gleichermaßen betrifft. Seine wesentlichen Merkmale sind (a) eine Kumulation nicht erblicher Vermögen – aus neurologischer Sicht: eine „Veränderbarkeit der Genexpression durch Lernen (in nichtübertragbarer Weise)" – und (b) eine gegenüber der biologischen Evolution weit höhere Dynamik.[2] Aller Erfahrung nach erscheint es nicht möglich, diesen Prozess aufzuhalten oder als partikulare Gesellschaft dauerhaft aus ihm auszuscheren. Daher ist die kulturelle Evolution eine anthropologische Konstante, der jede Theorie auf diesem Gebiet Rechnung tragen muss.

Das oben formulierte Paradigma, gemäß dem empirische Wissenschaften generell die Folgen menschlicher Aktionen beschreiben, könnte insbesondere bei Naturwissenschaftlern Widerspruch erregen – befassen sie sich doch mit objektiv existierenden Gegenständen, die sich vielleicht sogar weit draußen im Weltall befinden, fern von jedem menschlichen Einfluss. Jedoch zwingt eben die moderne (Quanten-)Physik dazu, eine solche Teilnehmerperspektive einzunehmen. Denn als empirisch relevante Fakten gibt es für sie – statt der kontinuierlich beobachtbaren

2   Kandel, *Ein neuer theoretischer Rahmen für die Psychiatrie* (1998), in: *Psychiatrie…*, 88f.
Siehe auch Tomasello, *Die kulturelle Entwicklung des menschlichen Denkens* (1999), 18.

Bewegungsbahn materieller Körper – nur noch das von Menschen durchgeführte Experiment und das gleichfalls von Menschen registrierte Resultat des Experiments, wobei die Theorie den Zusammenhang zwischen der experimentellen Wirkung und der Antwort des physikalischen Systems durch ein vollkommen abstraktes Rechenverfahren darstellt. Somit ist ein physikalisch objektivierbarer Gegenstand eine (keineswegs willkürliche) Konstruktion, die auf dem Abgleich subjektiver *Erfahrungen* beruht. Er besitzt eine abgeleitete, hypothetische Existenz, während das Primäre das konkrete menschliche Tun ist.

Im Verlauf einer langen Wissenschaftsgeschichte hat sich freilich die Auffassung verfestigt, dass *Beobachtungen* in einer vom Menschen unabhängigen physischen Welt die dort herrschenden Gesetze offenbaren können. So ermittelte auf der Grundlage der astronomischen Messungen von Tycho Brahe (1546–1601) zuerst Johannes Kepler (1571–1630) seine kinetischen Gesetze der Planetenbewegung und schließlich Isaac Newton (1643–1727) seine dynamische Theorie der Massenpunkte, die sich auf Planeten ebenso anwenden lässt wie auf Gegenstände in einem Labor. Dies waren alles Triumphe der Wissenschaft und es bestand kein Anlass, an ihren Prämissen zu zweifeln. Entsprechend haben in der Folge Philosophen wie Kant den Begriff der Naturkausalität explizit auf die gesetzmäßige Verknüpfung zwischen verschiedenen beobachtbaren Phänomenen bezogen, welche Formalisierung diesem Konzept einen weiteren Kredit verlieh.[3] Erst durch die Entwicklung der Quantenphysik Anfang des 20. Jahrhunderts wurde der Begriff der Beobachtung problematisch. Jedoch fiel es den daran beteiligten Forschern sogar noch angesichts zwingender empirischer Befunde äußerst schwer, ihr Denken und ihre Sprache

---

3   Kant schreibt in der *Kritik der reinen Vernunft*: Die Naturkausalität ist „die Verknüpfung eines Zustandes mit einem vorigen in der Sinnenwelt, worauf jener nach einer Regel folgt." (KrV, B 560; vgl. oben S. 9) Er formuliert nicht: »Die Naturkausalität ist die gesetzmäßige Verknüpfung einer experimentellen Wirkung mit ihrer Folge.« Übereinstimmend mit Kant erklärt auch noch der Philosoph Sven Walter in der aktuellen Publikation *Illusion freier Wille?*: „Ziel der empirischen Wissenschaften ist eine möglichst vollständige und wahre Beschreibung der Welt. Wir möchten herausfinden, wie die Welt beschaffen ist, damit wir verstehen, warum sie so verläuft, wie sie verläuft, und dadurch unter anderem Rückschlüsse darauf ziehen können, wie sie zukünftig verlaufen wird." (Kap. 4 - *Empirische Freiheitsskepsis*, 73) Wie Kant weist Walter dem „empirischen" Wissenschaftler hier die Rolle eines passiven Beobachters „der Welt" zu. Im Unterschied zu Kants früherer Darstellung ist dies allerdings nicht mehr durch die zeitgenössische Wissenschaftspraxis gedeckt. Es scheint, als überschätze Walter das Vermögen der Philosophie zu einer von der Erfahrung unabhängigen Erkenntnis.

sachgerecht umzustellen. Allzu tief eingewurzelt war die Vorstellung einer »äußeren Welt«, deren Gesetze sich durch genaue Beobachtung, Quantifizierung und mathematische Beschreibung erkennen lassen.

Tatsächlich erscheint die seit der Renaissance entwickelte klassische Physik aber immerhin bereits als ein Fortschritt gegenüber der mittelalterlichen Scholastik, durch die der Mensch der Natur vollkommen entfremdet wurde. Der Religionsphilosoph Berdiajew[4] schreibt diesbezüglich in *Der Sinn der Geschichte* (1923): „Die Epoche der Renaissance enthüllt aufs neue den natürlichen Menschen, während das Christentum, vom Augenblick seiner Erscheinung an auf der Welt, den geistigen Menschen enthüllte, den neuen Adam zum Unterschiede vom alten Adam der vorchristlichen Welt. Das Christentum erklärte den Krieg dem natürlichen Menschen, den niederen Elementen den Krieg im Namen der geistigen Ausschmiedung der menschlichen Persönlichkeit, im Namen der Erlösung des Menschen. Das mittelalterliche Christentum band den natürlichen Menschen, es fesselte die menschlichen Kräfte, es kehrte den Menschen ab von der Natur in sich selber und von der Natur in der ihn umgebenden Welt. Die Natur war im Mittelalter verschlossen.“[5] Ähnlich erklärt auch schon Bergson[6] in *Schöpferische Entwicklung* (1907): „Der große Irrtum der spiritualistischen Lehren war der Glaube, sie könnten das geistige Leben durch seine Isolierung, dadurch dass sie es frei im Raum, so hoch als möglich über der Erde, schweben ließen, vor jedem Angriff sicher stellen: als ob sie es dadurch nicht der Gefahr aussetzten, für eine bloße Fata Morgana gehalten zu werden! Gewiss haben sie Recht, auf das Bewusstsein zu hören, wenn es die Freiheit des Menschen behauptet; – aber der Intellekt ist da, der bekundet, dass die Ursache die Wirkung determiniere, [...] die Wissenschaft ist da, die die Solidarität von bewusstem Leben und zerebraler Tätigkeit aufzeigt.“[7]

Eine Vorstellung von dieser Situation geben etwa die Schriften des frühen Empiristen Bacon[8], der versucht hat, sich der Natur wieder anzunähern. In *Das Neue Organon oder Die wahre Anleitung zur Interpretation der Natur* (1620) bemerkt er hierzu: „Hinsichtlich seiner Werke vermag

---

4   Nicolai Berdiajew (1874–1948), russischer Philosoph, 1922 aus Russland ausgewiesen
5   Berdiajew, *Der Sinn der Geschichte*, Kap. *Die Renaissance und der Humanismus*, 197
6   Henri Bergson (1859–1941), franz. Philosoph, erhielt 1927 den Literatur-Nobelpreis
7   Bergson, *Schöpferische Entwicklung*, Kap. III - *Von der Bedeutung des Lebens/ Die Ordnung der Natur und die Form des Intellekts*, 272
8   Francis Bacon (1561–1626), englischer Staatsmann und Philosoph

der Mensch nichts anderes, als dass er die von der Natur gegebenen Körper einander näherbringt oder sie voneinander entfernt; das übrige vollendet die Natur von innen her."[9] Dabei unterscheidet er selbst klar zwischen „Mensch" und „Natur", als ob der Mensch nicht auch als Teil der Natur gelten könnte. Jedoch zeugt seine Distanz eher von Respekt als von Überheblichkeit: „Die Feinheit der Natur übertrifft die der Sinne und des Verstandes um ein Vielfaches; jene schönen Erwägungen, Spekulationen und Begründungen der Menschen sind deshalb ungesunde Fundamente; niemand ist leider da, der das bemerkt."[10] Angesichts dessen mahnt er zu einer geistigen Selbstdisziplin: „Der menschliche Geist setzt vermöge seiner Natur leichthin in den Dingen eine größere Ordnung und Gleichförmigkeit voraus, als er darin findet; und obgleich vieles in der Natur einzeln und voller Ungleichheit ist, so fügt der Verstand dennoch Gleichlaufendes, Übereinstimmendes und Bezügliches hinzu, was es in Wirklichkeit nicht gibt. Daher jene Erdichtungen, dass sich alle Himmelskörper in vollkommenen Kreisen bewegen, nachdem man alle Spiralen und Drachenlinien bis auf den Namen völlig verworfen hat. [...]; und was dergleichen Träumereien mehr sind. Und diese Torheit waltet nicht nur in den dogmatischen Lehrsätzen, sondern auch in den einfachen Begriffen."[11] Ferner weist er darauf hin, dass die Erforschung der Natur, die jene Vorurteile eventuell beseitigen könnte, in der Regel von Ideologen und Dogmatikern behindert wird: „Auch darf man nicht übersehen, dass die Naturphilosophie zu allen Zeiten einen zähen und schwierigen Gegner angetroffen hat, nämlich den Aberglauben und einen blinden und maßlosen Religionseifer. In der Tat sieht man es bei den Griechen, dass diejenigen, die zuerst die natürlichen Ursachen des Blitzes und der Stürme den bisher daran nicht gewöhnten Ohren vortrugen, deshalb des Frevels gegen die Götter beschuldigt wurden. Nicht viel besser sind von einigen Kirchenvätern der christlichen Religion diejenigen angegriffen worden, welche auf Grund sicherster Beweise, denen heute kein Vernünftiger widerspricht, die Erde für eine Kugel erklärt haben und folgerichtig von der Existenz der anderen Hemisphäre und ihrer Bewohner überzeugt waren. [/] Ja, wie gegenwärtig die Sachen stehen, ist die Diskussion über die Natur schwieriger und infolge der Schriften und Methoden der Scho-

---

9   Bacon, *Das Neue Organon*, Buch 1, Aphorismus Nr. 4, 42
10   Ebd., Aphorismus Nr. 10, 43
11   Ebd., Aphorismus Nr. 45, 53f

lastiker mit großer Gefahr verbunden; da diese die Theologie zur Verstärkung ihres Einflusses wohlgeordnet und zu einer kunstmäßigen Form gestaltet haben, haben sie es dahin gebracht, dass die streitsüchtige und dornige Philosophie des Aristoteles mit dem Inhalt der Religion, mehr als recht war, vermischt wurde. [/ ... /] So kann man schließlich feststellen, dass durch die Torheit einiger Theologen der Zugang zu einer verbesserten Philosophie so gut wie verschlossen ist. Andere befürchten in ihrer Einfalt, dass eine tiefere Erforschung der Natur über die erlaubte Grenze gebotener Mäßigung hinausginge. Sie beziehen fälschlich das, was in der Bibel über die göttlichen Mysterien gegen diejenigen gesagt wird, die sich der göttlichen Geheimnisse bemächtigen wollen, auf das Verborgene in der Natur. Das aber untersteht keinem Verbot."[12] Für Bacon stellte sich demnach die Aufgabe, den herrschenden Dogmatismus zu überwinden und durch die Untersuchung der „von der Natur gegebenen Körper" eine neue Orientierung zu gewinnen. Hierbei standen nicht allein die betreffenden Inhalte in Frage, vielmehr galt es, zuallererst diese neue Methode zu etablieren.

Mit derselben Intention erklärt daraufhin Locke[13] in dem Essay *Über den menschlichen Verstand* (1690), die menschlichen Ideen könnten zum einen – auf autoritäre Weise – im Rahmen der „Erziehung" den noch nicht kritikfähigen „Kindern und jungen Leuten" eingeimpft und durch „Gewohnheit" beibehalten,[14] oder zum anderen – in persönlicher Verantwortung – auf der Grundlage der Erfahrung gebildet werden. Ein eigentliches Wissen lasse sich nur auf letzterem Wege gewinnen, wobei die „Sinneswahrnehmung" und die „Selbstbeobachtung" gleichermaßen mögliche Quellen der Erkenntnis seien: „Unsere Betrachtung, die entweder auf äußere sinnlich wahrnehmbare Objekte gerichtet ist, oder auf die innere Tätigkeit unseres Geistes, die von uns selbst wahrgenommen und zum Gegenstande der Betrachtung gemacht wird, versieht unseren Verstand mit allem Material für das Denken. Diese beiden sind die Quellen der Erkenntnis, aus welchen alle Ideen entspringen, die wir haben, oder natürlicherweise haben können."[15] Allerdings werde eine auf Erfahrung gegründete „Naturkunde" nie den Status einer streng gültigen „Wissen-

---

12 Ebd., Aphorismus Nr. 89, 98 ff
13 John Locke (1632–1704), englischer Philosoph, Begründer des Liberalismus
14 Locke, *Über den menschlichen Verstand*, 1. Buch, 3. Kapitel, §§ 22–26
15 Ebd., 2. Buch, 1. Kapitel, § 2

schaft" erlangen: „Ich leugne nicht, dass jemand, der an wohlbedachte und regelmäßige Versuche gewöhnt ist, in die Natur der Körper einen tieferen Einblick erlangen und über ihre noch unbekannten Eigenschaften richtigere Vermutungen hegen kann, als jemand, dem solche Versuche fremd sind; gleichwohl ist das, […], nur ein Dafürhalten und Meinen, nicht Erkenntnis und Gewissheit. […] Versuche und Beobachtungen von Tatsachen mögen wir anstellen, woraus wir einen Gewinn an Behagen und Gesundheit ziehen, und dadurch unseren Vorrat nützlicher Dinge für dieses Leben vermehren können; hierüber hinaus aber, fürchte ich, reichen unsere Anlagen nicht, und können unsere Fähigkeiten, wie ich glaube, nicht fortschreiten."[16] Mit diesem selbstkritischen Wissenschaftsverständnis, das heutigen Standards vollständig genügt, grenzt Locke sich aber nicht mehr nur gegen die Scholastik ab, sondern de facto auch gegen die mit einem neuen Absolutheitsanspruch versehene Physik Newtons, die in *Philosophiae naturalis principia mathematica*[17] (1687) dargestellt ist. Newton präsentiert dort eine mathematisch fundierte Theorie, von der er behauptet, sie könne die Bewegung der Himmelskörper und anderer physischer Gegenstände präzise abbilden. Im Vorwort schreibt er über seine wissenschaftliche Methode: „Der Kern der Physik besteht […] darin, [mit Hilfe eines mathematischen Formalismus] aus den Erscheinungen der Bewegung die Kräfte der Natur zu erforschen und hierauf durch diese Kräfte die übrigen Erscheinungen zu erklären." Entsprechend werde in seiner Schrift „aus den Erscheinungen am Himmel" speziell „die Kraft der Schwere abgeleitet, vermöge welcher die Körper sich bestreben, der Sonne und den einzelnen Planeten sich zu nähern." Aus „derselben Kraft" würden dann „die Bewegungen der Planeten, Kometen, des Mondes und des Meeres abgeleitet." Darüber hinaus stellt Newton die Entdeckung weiterer Kräfte in Aussicht, die irgendwann vielleicht das gesamte Naturgeschehen erklärbar machen: „Möge es gestattet sein, die übrigen Erscheinungen der Natur auf dieselbe Weise aus mechanischen Prinzipien abzuleiten! Viele Beweggründe bringen mich zu der Vermutung, dass diese Erscheinungen alle von gewissen Kräften abhängen können. […] Bis jetzt haben die Physiker es vergebens versucht, die Natur durch diese unbekannten Kräfte zu erklären; ich hoffe jedoch, dass die hier aufgestellten Prinzipien entweder über diese oder irgendeine richtigere Verfahrungsweise Licht verbreiten

---

16   Ebd., 4. Buch, 12. Kapitel, § 10
17   *Mathematische Prinzipien der Naturphilosophie*

werden."[18] Hiervon übernimmt Locke das Konzept der „Kraft".[19] Jedoch problematisiert er Newtons Ansatz, „aus den Erscheinungen der Bewegung die Kräfte der Natur zu erforschen" (s. o. das Zitat aus *Philosophiae naturalis…*). Dabei bezieht er sich aber nicht, wie man erwarten könnte, auf Newtons übersteigerten Anspruch auf Wissenschaftlichkeit, der sich mit seiner eigenen Einsicht in die Fallibilität empirisch erworbenen Wissens nur bedingt verträgt. Im Vordergrund steht für ihn vielmehr, dass Newton auf die Selbstwahrnehmung als Erkenntnisquelle verzichtet und sich auf die Untersuchung äußerer Erscheinungen beschränkt. Zudem impliziert Newtons Methode eine deterministische Welt, die sich gleichsam mechanisch von einem Zustand A zu einem folgenden Zustand B fortentwickelt, was Lockes Selbstverständnis widerstreitet, er könne durch eigene Willensentscheidungen in das Naturgeschehen eingreifen. Während also Newton mit der Formel »Auf A folgt B.« operiert, die eine gesetzmäßige Abfolge äußerer Erscheinungen beschreibt, veranschlagt Locke auch sogenannte „aktive Kräfte",[20] die gemäß dem Schema »*Aus* A folgt B.« wirken und die bei der Anwendung von Newtons Methode als solche gar nicht wahrgenommen würden: „Gleichwohl verschaffen uns, wenn wir genau zusehen, die Körper durch unsere Sinne nicht eine so klare und bestimmte Idee der aktiven Kraft, wie wir aus der Reflexion auf die Tätigkeiten unseres Geistes erhalten. Denn da alle Kraft sich auf eine Wirksamkeit bezieht und es nur zwei Arten der Wirksamkeit gibt, wovon wir eine Idee haben, nämlich Denken und Bewegung, so lasst uns erwägen, von woher wir die klarste Idee der Kraft erhalten, die sich in der einen oder der anderen dieser Wirksamkeiten äußert. 1. Vom Denken geben uns die Körper überhaupt keine Idee, wir gewinnen diese nur durch Selbstbeobachtung. 2. Ebensowenig erhalten wir durch die Körper irgend welche Idee von dem Anfang einer Bewegung. […], wenn der Ball der Bewegung des Billardstockes gehorcht, so liegt darin keine Tätigkeit des Balles, sondern reine Passivität; auch teilt er, wenn er durch seinen Stoß einen anderen in seinem

---

18 Newton, *Philosophiae naturalis principia mathematica*, Vorwort zur ersten Ausgabe, Übers.: J. Ph. Wolfers (Berlin, 1872); zitiert nach: Sambursky, *Der Weg der Physik*, 384f

19 Locke schreibt: „sobald irgend welche Veränderung bemerkt wird, schließt der Geist ebenso notwendig auf eine irgendwo vorhandene Kraft, die jene Veränderung bewirken kann, wie auf die in dem Dinge selbst liegende Möglichkeit, sie zu erleiden." (*Über den menschlichen Verstand*, 2. Buch, 21. Kapitel - Über die Kraft, § 4) Dem entspricht in Newtons Physik etwa die Aussage: »Die Geschwindigkeitsänderung eines Körpers wird durch eine Kraft (z. B. die Gravitationskraft) bewirkt.«

20 Locke, *Über den menschlichen Verstand*, 2. Buch, 21. Kapitel - Über die Kraft, § 2

Wege liegenden Ball in Bewegung setzt, die von anders woher empfangene Bewegung nur mit, und verliert davon selbst so viel, wie der andere Ball empfing;[21] [...]. Die Idee des Anfangs einer Bewegung gewinnen wir nur durch einen Rückblick auf das, was in uns selbst vorgeht, wo wir erfahrungsmäßig finden, dass bloß, indem wir es wollen, bloß durch einen Gedanken des Geistes,*) wir die Glieder unseres Körpers, die sich vorher in Ruhe befanden, bewegen können."[22] Interessant an diesen Überlegungen Lockes ist vor allem seine „Idee des Anfangs einer Bewegung". Denn sie rückt den *Menschen als potentielle Ursache* in das Blickfeld der Naturwissenschaft,[23] was eine radikal neue Perspektive eröffnet: Nachdem man den Menschen bislang lediglich als ein Subjekt der Erkenntnis aufgefasst hat, wird er nun selbst zu ihrem Gegenstand. Hierin besteht aber ein entscheidender Schritt zu seiner Reintegration in die Natur.

Schließlich übt Hume[24] in *Eine Untersuchung über den menschlichen Verstand* (1748) wiederum eine Kritik an Lockes ganzheitlichem Verständnis der Naturforschung. So leugnet er kategorisch die Möglichkeit, durch genaues Beobachten der äußeren Phänomene die in der Natur wirkenden Kräfte zu erkennen, und er sieht auch keinen Vorteil darin, die Natur durch menschliche Aktivitäten zu untersuchen: „Wir haben vergebens nach einer Vorstellung von Kraft oder notwendiger Verknüpfung in all den Quellen gesucht, aus denen sie unserer Ansicht nach abfließen konnte. Es zeigt sich, dass wir in Einzelfällen der Wirksamkeit von Körpern auch mit äußerster Genauigkeit der Prüfung nie etwas anderes entdecken können, als dass ein Ereignis dem anderen folgt; aber wir sind

---

21 Das Verhältnis ließe sich auch durch eine Änderung des Koordinatensystems, in dem der Vorgang dargestellt wird, umkehren. In einem Koordinatensystem, in dem der erste Ball ruht, erschiene der zweite Ball als derjenige, der auf den ersten eine Kraft überträgt. Newton selbst hätte keinem der beiden Bälle den Status einer Ursache zugeordnet. Ursachen sind aus seiner Sicht nur die zwischen den Teilen eines physikalischen Systems wechselseitig wirkenden Kräfte.

22 Locke, *Über den menschlichen Verstand*, 2. Buch, 21. Kapitel - *Über die Kraft*, § 4
    *) Anmerkung von Locke: „Der Gedanke: »*ich will*« ist nicht die Kraft, wodurch die Glieder unseres Leibes in Bewegung, oder die Nervenzellen unseres großen Gehirns in Tätigkeit gesetzt werden; [...]. Dass wir *effektiv* wollen, erfahren auch wir selbst unter allen Umständen immer erst durch die eigene Handlung. [...]" Locke geht also davon aus, dass die bewussten Willensentscheidungen sich durch natürliche Kräfte erklären lassen. Ebenso argumentiert übrigens auch Schopenhauer in der *Preisschrift über die Freiheit des Willens* von 1839 (siehe das Zitat oben S. 13).

23 Dies scheint eine wichtige Anregung für Kant gewesen zu sein. Vgl. das korrespondierende Zitat aus der *Kritik der reinen Vernunft*, oben S. 10.

24 David Hume (1711–1776), schottischer Diplomat, Historiker und Philosoph

nicht imstande, irgendwelche Kraft oder Macht zu begreifen, durch welche die Ursache wirkt, […]. Dieselbe Schwierigkeit erhebt sich, wenn wir die Wirksamkeit des Geistes auf den Körper betrachten; hierbei beobachten wir, dass die Bewegung des letzteren der Willensregung des ersteren folgt, sind aber außerstande, das Band zu beobachten oder uns vorzustellen, das die Bewegung an die Willensregung knüpft, oder die Energie, vermittels deren der Geist diese Wirkung hervorbringt. Die Gewalt des Willens über seine eigenen Vermögen und Vorstellungen ist nicht eine Spur begreiflicher, so dass, im ganzen genommen, überall in der ganzen Natur sich nicht ein einziges Beispiel von Verknüpfung darbietet, das uns vorstellbar wäre." Hume *trivialisiert* die neue Naturwissenschaft nach Newton insofern, als er jedes empirisch erworbene Wissen über die in der Natur herrschenden Gesetze schlicht darauf zurückführt, dass bei „einer Häufung eingetretener gleichartiger Fälle", bei denen auf ein Ereignis A stets das Ereignis B folgt, „der Geist aus Gewohnheit veranlasst wird, beim Auftreten des einen Ereignisses dessen übliche Begleitung zu erwarten": „Weiter steckt nichts dahinter."[25] Den aufwendigen mathematischen Apparat der Physik, der es erst erlaubt, solche Regelmäßigkeiten zu identifizieren, erwähnt er hierbei freilich nicht. Ferner *entzaubert* er den Menschen, indem er – erstens – den menschlichen „Körper" als „eine höchst verwickelte Maschine" bezeichnet, die letztendlich nur den „Naturgesetze[n]" gehorche, und – zweitens – behauptet, sämtliche „Handlungen und Willensregungen" der Menschen ließen sich durch natürliche Ursachen oder rein zweckrationale Motive erklären: „Ein liebenswürdig veranlagter Mensch gibt eine verdrießliche Antwort – er hat aber Zahnschmerzen oder hat noch nicht zu Mittag gegessen." „Die gegenseitige Abhängigkeit der Menschen in allen Gemeinschaften ist so groß, dass kaum eine menschliche Handlung ganz in sich abgeschlossen ist oder ohne irgendwelche Beziehung auf Handlungen anderer ausgeführt wird, die erforderlich sind, damit der Handelnde seine Absicht vollkommen erreiche. Der ärmste Handwerker, […], rechnet mindestens auf den Schutz der Obrigkeit, […]. Ebenso rechnet er darauf, Käufer zu finden, wenn er seine Waren zu Markte bringt und einen angemessenen Preis dafür verlangt, […]. Je weiter die Menschen ihre Beziehungen ausdehnen und je verwickelter sie ihren Verkehr mit anderen gestalten, um so größer wird die

---

25 Hume, *Eine Untersuchung über den menschlichen Verstand*, Abschnitt VII - *Von der Vorstellung der notwendigen Verknüpfung*, Teil 2, 89-91

Mannigfaltigkeit von Willenshandlungen, die sie in ihren Lebensplan einrechnen und deren Zusammenwirken mit ihren eigenen sie beim Eintritt geeigneter Beweggründe erwarten. Bei all diesen Schlüssen treffen sie ihre Maßnahmen nach früheren Erfahrungen, ebenso wie in den Denkakten, die äußere Gegenstände betreffen, und glauben fest, dass die Menschen so gut wie alle Elemente der Natur in ihrem Verhalten die gleichen bleiben werden, […]. Ein Fabrikant rechnet für die Ausführung eines Unternehmens auf die Arbeit seiner Untergebenen genau so, wie auf die Werkzeuge, die er anwendet, […]." Gleich dem menschlichen Körper wäre demnach auch die von den menschlichen Individuen gebildete Gesellschaft eine Art komplizierte „Maschine", deren Funktion ausnahmslos natürlichen Gesetzen unterliegt: „Und wirklich, bedenken wir, wie wohl die Glieder der *natürlichen* und der *moralischen* Evidenz sich zu *einer* Begründungskette ineinander fügen, so werden wir nicht zögern, die gleiche Natur in beiden und ihre Abstammung aus den gleichen Prinzipien zuzugeben. Ein Gefangener, der weder Geld noch Einfluss hat, erkennt die Unmöglichkeit seiner Flucht ebensowohl, wenn er die Hartnäckigkeit seines Wächters, als wenn er die ihn umgebenden Mauern und Gitterstäbe in Betracht zieht; […]. Wenn derselbe Gefangene zum Schafott geführt wird, so weiß er, dass die Gewissheit seines Todes ebenso durch die Festigkeit und Treue seiner Wächter, wie durch die Wirksamkeit des Beils oder Rades bedingt ist. […] Hier ist eine fest verknüpfte Kette von natürlichen Ursachen und Willenshandlungen; aber der Geist empfindet beim Übergang von einem Glied zum anderen keinen Unterschied zwischen beiden." [26] Die Wiedereingliederung des Menschen in die Natur ist so gesehen vollendet – aber seine Freiheit scheint verschwunden.

Der Mensch als mögliche Ursache, wie er noch von Locke gedacht wurde, kommt bei Hume zwar nicht mehr explizit vor. Jedoch ist zu bedenken, dass menschliche Individuen, bei aller Determiniertheit, als ein Teil der Natur selbst eine Wirkung auf das sie umgebende System ausüben und nicht nur Wirkungen erleiden. Des Weiteren stellt Hume in Rechnung, dass sie ihr Handeln an „früheren Erfahrungen" ausrichten (s. o.) – damit wäre aber die Grundlage dessen gegeben, was unter »Freiheit« verstanden werden kann (vgl. S. 13). Und die von Hume anhand drastischer Beispiele dargestellte Eingebundenheit des Menschen in die empi-

---

26   Ebd., Abschnitt VIII - *Über Freiheit und Notwendigkeit*, Teil 1, 104-107

rische Welt bedeutet auch noch nicht, dass menschliche Individuen oder Gesellschaften als physikalische Systeme behandelt werden müssten, für die im eigentlichen Sinne »Naturgesetze« gelten. Denn das menschliche Verhalten kann durch verschiedene wandelbare Konventionen (Werte, Sitten etc.) geprägt sein, was bei physikalischen Systemen nicht der Fall ist (vgl. S. 27f). Eben hier war aber der Einsatzpunkt für Kant, der neben der physischen Bedingtheit des Menschen zugleich dessen Freiheit veranschlagt hat. Ihr Zustandekommen kann er in seinen Kritiken allerdings nicht erklären, da er, wie erläutert, dort noch von Newtons Begriff der Naturkausalität ausgeht, der den Menschen auf die Rolle eines bloßen Beobachters festlegt. Die Lösung hätte darin bestanden, ihn als einen empirischen Teilnehmer am Geschehen der Natur aufzufassen, zu welcher Position Kant in den nachgelassenen Manuskripten des *Opus postumum* (1796–1803, veröffentlicht seit 1882)[27] letztlich auch gelangt: „Warum sagt man nicht *Materien* sondern *Stoffe*: nicht Erfahrungen sondern Beobachtungen[?] [.../] Was *Newton* Philosophia naturalis nennt, ist nicht ein Aggregat empirischer Erkenntnis (Wahrnehmungen), sondern ein Prinzip *möglicher* Erfahrung“.[28] „Der Einfluss des Subjekts auf den äußeren Gegenstand und die Reaktion des letzteren aufs Subjekt machen es möglich, die bewegende Kräfte der Materie u. also auch diese selbst in Substanz zu erkennen u. für die Physik aufzustellen. – So viel von der *Bewegung* als den *äußeren Phänomenen* der Reaktion. – Mit den innerlich bewegenden Kräften der *Empfindung* und der *Reaktion* des Subjekts auf sich selbst ist’s eben so.“ Oder: „man *macht* die Erfahrung, sie ist kein bloßer Sinneneinfluss“.[29] Durchgesetzt hat sich diese Sicht jedoch erst Anfang des 20. Jahrhunderts, als empirische Befunde der Quantenphysik keine andere Wahl ließen.

Im Grunde wäre für einen solchen Paradigmenwechsel überhaupt keine Entdeckung neuer Phänomene nötig gewesen, denn bereits Locke hat eine entsprechende Perspektive vorgeschlagen (siehe S. 34f), und es bedarf nicht viel Phantasie, um ihre Plausibilität zu erkennen. Jedoch

---

27 Kants Manuskripte zu *Übergang von den Metaphysischen Anfangsgründen der Naturwissenschaft zur Physik* wurden erst seit 1882 (und zunächst nur im Auszug) veröffentlicht. (Kant, *Schriften* XXI, *Vorwort* von Artur Buchenau und Gerhard Lehmann, V) Diese Verspätung der Veröffentlichung könnte durchaus dazu beigetragen haben, dass sich Kants frühere Auffassung bei Natur- und Geisteswissenschaftlern so lange hielt.

28 Kant, *Schriften* XXI, 138

29 Kant, *Schriften* XXII, 494

konnten sich sogar die Pioniere der Quantentheorie nur mühsam von dem Konzept der »Beobachtung« lösen. Dies ist insofern nachvollziehbar, als die genaue Beobachtung der Natur einst dazu beigetragen hatte, die Naturwissenschaft von der Bevormundung durch religiöse Autoritäten zu befreien. Außerdem schien Newtons Methode, „aus den Erscheinungen der Bewegung die Kräfte der Natur zu erforschen",[30] angesichts ihres enormen wissenschaftlichen Erfolgs legitimiert. Indes haftet ihr noch ein letzter Rest der scholastischen Neigung an, den menschlichen Geist gegenüber der profanen Welt zu verschließen,[31] denn sie wahrt nach wie vor eine Distanz zur Natur und gibt Raum für Spekulationen über Vorgänge jenseits der konkreten Erfahrung. Die »theoretische« Haltung der Scholastiker, die in einer Distanzierung von der *Natur* bestand,[32] wurde durch die Empiristen aber umgedeutet zu der Bereitschaft, sich aufgrund negativer Erfahrungen ggf. von *eigenen Überzeugungen* oder *überlieferten Theorien* zu distanzieren. Ein Beispiel für dieses empirische Schlussverfahren, das Peirce als »Abduktion« bezeichnet hat,[33] wurde in der modernen Physik zunächst von Einstein mit der Entwicklung der Speziellen Relativitätstheorie (1905) gegeben. Da die im Verlauf des 19. Jahrhunderts gewonnenen Erkenntnisse über die Ausbreitung elektromagnetischer Wellen sich nicht mit der Newtonschen Physik vereinbaren ließen, verwarf Einstein Newtons Vorstellung eines absoluten Raums, der unabhängig von einer absoluten Zeit existiert, und verwendete stattdessen das Koordinatensystem einer 4-dimensionalen Raum-Zeit, das zur Beschreibung beider Phänomenbereiche taugt.[34] Ein Vorgang, der in dieser Raum-Zeit lokalisiert ist (etwa die Bewegung eines Planeten), ließe sich gemäß der Relativitätstheorie freilich immer noch im herkömmlichen Verständnis »beobachten«, d. h. mit (idealtypisch) nichtinvasiven Verfahren vermessen. Das klassische Konzept der Beobachtung behielt hier

---

30   Siehe das Zitat aus *Philosophiae naturalis principia mathematica*, oben S. 33.

31   Siehe die Zitate von Berdiajew und Bergson, oben S. 30.

32   Gr. *theoros* = Zuschauer

33   Peirce: „*Abduktion* ist jene Art von Argument, die von einer *überraschenden Erfahrung* ausgeht, das heißt von einer Erfahrung, die einer aktiven oder passiven Überzeugung zuwiderläuft. Dies geschieht in Form eines Wahrnehmungsurteils oder einer Proposition, die sich auf ein solches Urteil bezieht, und eine neue Form von Überzeugung wird notwendig, um die Erfahrung zu verallgemeinern." (*Phänomen und Logik der Zeichen*, IV - *Spekulative Grammatik*, 95)

34   Einstein, *Zur Elektrodynamik bewegter Körper*, in: *Annalen der Physik*, 4. Folge, Bd. 17, Leipzig, 1905, 892-897; auch in: Sam?bursky, *Der Weg der Physik*, 633-637

also seine Gültigkeit, und Einstein hat es auch nicht ausdrücklich problematisiert.[35] Aufgegeben wurde es in der Physik erst, als Untersuchungen
von besonders kleinen Systemen zu unkontrollierbaren Resultaten führten. Der Quantenphysiker Bohr[36] schreibt diesbezüglich in dem Artikel
Atomtheorie und Mechanik (1925), auf der Ebene „atomarer Prozesse"
gebe es ein „tiefgehendes Versagen der raumzeitlichen Bilder, mittels
welcher man bisher die Naturerscheinungen zu beschreiben versuchte."
Die „neue Quantenmechanik" verlange ein „Absehen von mechanischen
Modellen in Raum und Zeit". Nur die abstrakten „mathematischen Hilfs-
mittel, die die höhere Algebra geschaffen hat", erlaubten eine adäquate
Beschreibung: „Für das Gefühl der Physiker wird es wohl zunächst be-
dauerlich vorkommen, dass wir bei den Atomfragen auf eine derartige
Begrenzung unserer üblichen Anschauungsmittel gestoßen sind. Dieses
Bedauern wird aber der Dankbarkeit weichen müssen, dass die Mathema-
tik auch auf diesem Gebiet uns die Werkzeuge schenkt, um Wege zu weite-
ren Fortschritten zu bahnen."[37] Problematisch wurde, neben der Vorher-
sagbarkeit von Einzelereignissen, insbesondere die Vorstellung einer in
Raum und Zeit gesetzmäßig verlaufenden und als solche beobachtbaren
Bewegungsbahn, denn jede Beobachtung oder Messung im Bereich der
Elementarteilchen schafft gewissermaßen völlig neue Ausgangsbedingun-

---

35 Einstein gebraucht in diesem Zusammenhang den neutralen Ausdruck »Erlebnis«, mit
   dem ebenso ein passives Beobachten wie ein aktives Experimentieren gemeint sein
   kann: „Alle Wissenschaft, sei es Naturwissenschaft oder Psychologie, sucht in gewisser
   Weise unsere Erlebnisse zu ordnen und in ein logisches System zu bringen." Offen-
   sichtlich verbleibt er aber bei der Auffassung, die Erlebnisse seien ihrem Wesen nach
   Beobachtungen. So betont er zwar, die Physik erhalte ihre Legitimation nur durch die
   Erfahrung (auf dem „Gebiete des Empirisch-Zweckmäßigen"). Jedoch zielt er damit
   allein auf die Theoriebildung und nicht auch darauf, dass u. U. die experimentelle
   Methode der Realität angepasst werden müsste. Denn die Qualität der Erfahrung (die
   „Art der Erlebnisse") setzt er als naturgegeben voraus: „Begriffe und Begriffssysteme
   erhalten die Berechtigung nur dadurch, dass sie zum Überschauen von Erlebniskom-
   plexen dienen; eine andere Legitimation gibt es für sie nicht." Es sei deshalb eine
   der „verderblichsten Taten der Philosophen" gewesen, „dass sie gewisse begriffliche
   Grundlagen der Naturwissenschaft aus dem der Kontrolle zugänglichen Gebiete des
   Empirisch-Zweckmäßigen in die unangreifbare Höhe des Denknotwendigen (Apriorischen) versetzt haben. Denn wenn es auch ausgemacht ist, dass die Begriffe nicht
   aus den Erlebnissen [induktiv] durch Logik (oder sonstwie) abgeleitet werden können,
   sondern in gewissem Sinn freie Schöpfungen des menschlichen Geistes sind, so sind sie
   doch ebensowenig unabhängig von der Art der Erlebnisse, wie etwa die Kleider von der
   Gestalt der menschlichen Leiber." (*Grundzüge der Relativitätstheorie*, 5, 6)
36 Niels Bohr (1885–1962), dänischer Physiker
37 Bohr, *Atomtheorie und Naturbeschreibung. Vier Aufsätze…*, 22, 32f

gen für das weitere Geschehen. Die Quantenphänomene forderten somit einen „Verzicht [...] hinsichtlich der Kausalitätsbeschreibung in Raum und Zeit", und sie führten zu der „Unmöglichkeit, in gewohnter Weise zwischen den physikalischen Erscheinungen und deren Beobachtung zu unterscheiden".[38] Auf sinnvolle Weise kann unter solchen Bedingungen nur ein einziges Mal gemessen werden, und zwar bei der Registrierung des Endzustands eines Systems, das vorher im Experiment präpariert wurde, um einen definierten Anfangszustand herzustellen. Diese Einsicht führte jedoch nicht zu einem Verzicht auf kausale Beschreibungen, sondern nur zur Formulierung eines neuen Begriffs der Naturkausalität, gemäß dem der registrierte Endzustand des Systems als Folge des *vom Experimentator* präparierten Anfangszustands aufgefasst wird. Allerdings mussten die Physiker erhebliche innere Widerstände überwinden, um sich zu diesem neuen Paradigma zu bekennen. So zeigt sich Bohr selbst, trotz seiner bahnbrechenden Erkenntnisse, noch sehr in alten Mustern befangen. Da er keinesfalls gegen den zur Objektivität verpflichtenden „Geist der Naturwissenschaft" verstoßen oder in den Verdacht der „Mystik" geraten will,[39] argumentiert er ausgesprochen vorsichtig und rechtfertigt umständlich die neue Sicht: „In der Physik, wo es sich darum handelt, die Erfahrungen der äußeren Welt zu ordnen, werden wir uns natürlich mit der Frage nach dem Wesen unserer Anschauungsformen weniger oft beschäftigen müssen als in der Psychologie, wo unsere eigene Gedankentätigkeit selbst Gegenstand der Untersuchung ist. Doch ist bisweilen gerade die »Objektivität« der physikalischen Beobachtungen besonders dazu geeignet, den »subjektiven« Charakter aller Erfahrungen scharf zu beleuchten."[40] Tatsächlich bestimmt die von ihm und einigen anderen Wissenschaftlern in die Wege geleitete Neuorientierung aber bis heute die Physik. Sie bildet den methodischen Hintergrund der Forschungspraxis an den Teilchenbeschleunigern und der ihr korrespondierenden Theorie, ganz unabhängig vom jeweiligen Forschungsstand und der konkreten Gestalt der mathematischen Modelle.

Es wäre ein erster Schritt zur Verwirklichung von Freiheit, die zuerst in der Naturwissenschaft zur Geltung gekommene Teilnehmerperspektive auch für jede andere menschliche Praxis als leitendes Prinzip zu über-

---

38 Ebd., *Einleitende Übersicht* (1929), 9f
39 Ebd., *Die Atomtheorie und die Prinzipien der Naturbeschreibung* (1929), 76
40 Ebd., *Einleitende Übersicht*, 1

nehmen. Die Eingebundenheit in die Natur erscheint dabei als Grundlage jeder Wirkungsmöglichkeit. Wird ein Ereignis auf das eigene Handeln als dessen mögliche Ursache bezogen, impliziert dies die Idee einer menschlich bedingten Kausalität äquivalent einer »Kausalität aus Freiheit« nach Kant. Lässt sich ein solcher Zusammenhang ermitteln, erlaubt dies eine persönliche Zuschreibung und es kann von »Verantwortlichkeit« gesprochen werden. Eine »freie« Handlung zeichnet sich schließlich dadurch aus, dass – unter Berücksichtigung der persönlichen Erfahrung – ihre *subjektiv* erwartbaren Folgen in Rechnung gestellt werden. Eine derartige Handlung kann immer noch heteronom sein respektive immanenten Motiven folgen. Autonomie, wie sie Freiheit im anspruchsvollen Verständnis voraussetzt, erfordert dagegen eine *Orientierung an universellen menschlichen Gesetzen*, die den legitimen Inhalt der geistigen Überlieferung ausmachen. Hierdurch würden die kontingenten Bedingungen der unmittelbaren Umgebung an Einfluss verlieren, und die menschliche Existenz erhielte eine Bedeutung über den lokalen Kontext hinaus.

Für ein in diesem Sinne »freies« Wirken genügt als Teilnahme natürlich nicht allein die physische Präsenz des betreffenden Individuums. Vielmehr ist es nötig, dass es sich gegenüber dem ihn umgebenden System als lebender Organismus positioniert. Erst dadurch würde es sich von einem physikalischen Objekt unterscheiden, das nur Naturgesetzen gehorcht. Zuallererst steht also seine Existenz als ein Lebewesen in Frage, das sich gegenüber seiner Umwelt eigensinnig verhält, wobei es die unorganisierte Materie gleichsam für sich funktionalisiert. Das evolutionär entstandene Leben, von dem das folgende Kapitel handelt, erscheint somit als eine von jeder kulturellen Disposition unabhängige Basis der Freiheit.

II Das Phänomen Leben

Zu Beginn des 20. Jahrhunderts entwickelte der Biologe Jakob von Uexküll die sogenannte »Bedeutungslehre«, nach der Lebewesen in bestimmter Hinsicht mehr sind als nur komplizierte mechanische Apparate, aber dennoch keine besondere »Lebenskraft« jenseits der physikalischen Gesetze vorausgesetzt werden muss, um die biologischen Phänomene zu erklären. Damit vertrat er im Streit zwischen Mechanisten und Vitalisten eine dritte, bis heute gültige Auffassung. Die zentrale Aussage seiner Theorie lautet, dass lebende Organismen sich von physikalischen Objekten durch ihre Eigensinnigkeit unterscheiden. So positionieren sich Lebewesen gegenüber dem sie umgebenden System gemäß den jeweiligen Erfordernissen ihres Organismus (der sich selbst erhalten und reproduzieren muss), wodurch ihre Umgebung zu ihrer spezifischen »Umwelt« wird. Diese besitzt *für sie* gewissermaßen eine »Bedeutung«, was in einer rein physikalischen Beschreibung nicht abgebildet werden könnte. Hierfür gibt Uexküll in *Theoretische Biologie* (1920, überarbeitet 1928) folgendes anschauliches Beispiel: „Als Vergleich nehme ich an: Es sei zwei Forschern ein schwer leserliches Notenblatt zur Entzifferung übergeben; dann hätten sie in der vormateriellen Periode sich darüber streiten können, welche von den Zeichen als Noten und welche von ihnen bloß als zufällige Tintenklexe anzusehen seien. In der materiellen Zeit, die keine Musik kennt, ist der Streit gegenstandslos – es gibt keine Noten mehr, nur Tintenklexe. [/] Wie es zweifellos richtig ist, dass jede geschriebene Note materiell ein Tintenklex ist, so ist zweifellos jede Eigenschaft der Lebewesen etwas materiell Festgelegtes. In den Eigenschaften der Lebewesen aber nichts anderes wahrnehmen zu wollen als den Ausdruck irgendeines Atomgezappels, ist nicht Schwerhörigkeit, sondern prinzipielle Taubheit."[1]

Ebenso verneint bereits Kant in den Notizen des *Opus postumum* den Vitalismus und nimmt für das Leben zugleich eine Dimension jenseits des Physikalischen an: „Dass ein organischer *Körper* belebt ist, ist ein identischer Satz. Eine belebte Materie aber gibt's nicht, aber wohl einen lebenden Körper. Das *Prinzip* des *Lebens* in ihm ist *immateriell*."[2] Trotz der Immaterialität des Lebensprinzips machen für die Erklärung biologischer Phänomene aber grundsätzlich auch physikalische Erwä-

---

1 Uexküll, *Theoretische Biologie*, Kap. 6 - *Die Entstehung der Lebewesen*, 246
2 Kant, *Schriften XXI*, 66

gungen Sinn. Etwa kann man feststellen, dass lebende Organismen zur Erhaltung ihrer Existenz generell einen Materie- und Energiedurchfluss für sich nutzen. Da ihre Lebensfunktion von diesem Stoffwechsel abhängt, sind sie notwendig *offene Systeme*. Das Besondere an belebten offenen Systemen ist, dass der durch sie hindurchgeleitete Materie- und Energiefluss eine Strukturierung (die Materie betreffend) erfährt bzw. als (Energie-)Potential gespeichert wird. Insgesamt hat dies den Effekt einer Restriktion, d. h. einer *Verminderung der Entropie*[3]. Der intakte Organismus eines – idealiter vor dem Zerfall bewahrten – Lebewesens weist wegen seiner geordneten Struktur also eine geringere Entropie auf als die Einzelteile seines – in der Realität letztlich doch zersetzbaren – materiellen Körpers. Die begriffliche Basis selbst für eine derart einfache Darstellung der physikalischen Rahmenbedingungen des Lebens wurde allerdings erst im Verlauf des 19. Jahrhunderts geschaffen. Daher konnte Kant zwar die biologischen Phänomene treffend beschreiben, diese jedoch nicht in sein physikalisches Weltbild einordnen geschweige denn durch Naturgesetze erklären. Folglich charakterisiert er in der *Kritik der Urteilskraft* von 1790 das Leben nur ganz allgemein als einen „*Naturzweck*", der „*von sich selbst* [...] *Ursache und Wirkung*" ist: Ein Lebewesen erhalte sich reproduktiv „der *Gattung* nach", ferner „als *Individuum*" in Form eines Wachstums bzw. einer Selbsterzeugung sowie – in gewissen Grenzen – durch eine „Selbsthilfe der Natur" im Falle dissipativer Umwelteinflüsse. Weitere Aussagen macht Kant dort nicht, vielmehr verneint er strikt die Möglichkeit, das Leben jemals mit dem Instrumentarium der Naturwissenschaft zu erfassen: „Es ist nämlich ganz gewiss, dass wir die organisierten Wesen [...] nach bloß mechanischen Prinzipien der Natur nicht einmal zureichend kennen lernen, viel weniger uns erklären können; und zwar so gewiss, dass man dreist sagen kann: es ist für Menschen ungereimt, [...] zu hoffen, dass noch etwa dereinst ein Newton aufstehen könne, der auch nur die Erzeugung eines Grashalms nach Naturgesetzen, die keine Absicht geordnet hat, begreiflich machen werde; [...].“[4]

Ein Echo hiervon ist Uexkülls kritischer Kommentar zur Deutung des Lebens als „Ausdruck irgendeines Atomgezappels" (s. o. das Zitat aus *Theoretische Biologie*). Wie Uexküll an selber Stelle kenntlich macht,

---

3   In der statistischen Physik ist die Entropie ein Maß für die Zahl der möglichen Zustände eines Systems (oder: die Größe des Phasenraums).

4   KU, § 64 und § 75, B 286-288, 337f

zielt diese Kritik namentlich auf Darwin[5], der in seiner Theorie der „natürlichen[!] Zuchtwahl" als wirkendes Prinzip der Evolution (konsequenterweise) nur „die vereinte Tätigkeit und Leistung der mancherlei Naturgesetze" veranschlagt, wobei er „unter Gesetzen [wie Hume] die nachgewiesene Aufeinanderfolge der Erscheinungen" versteht.[6] Dagegen wendet Uexküll zurecht ein, dass gänzlich andere, außerphysikalische Kategorien nötig wären, um die spezifischen Erscheinungen des Lebens überhaupt erst als solche wahrzunehmen.

Das wesentliche Merkmal, durch das die biologischen Systeme sich von den physikalischen unterscheiden, ist ihre Fähigkeit zur Selbstorganisation oder ihre Autonomie. Sie schaffen eine eigensinnige Struktur *unter Nutzung* der in ihrer Umgebung jeweils herrschenden Bedingungen. Wie oben skizziert, kann aber auch dieses Verhältnis physikalisch beschrieben werden. Und tatsächlich fand der entsprechende Fortschritt in der Physik bis Mitte des 19. Jahrhunderts eben in Auseinandersetzung mit biologischen Fragen statt. So führte zunächst Galvanis[7] Entdeckung der elektrischen Nerventätigkeit (1780 oder 1786?, veröffentlicht 1791[8]) dazu, dass neben mechanischen Kräften auch elektrische und chemische Wirkungen für eine Erklärung des Lebens in Rechnung gestellt wurden. Davon zeugt etwa Kants Notiz im *Opus postumum*: „*Licht, Wärme, Elektrizität u. Nerveneinfluss* sind die bewegenden Kräfte, welche ein Leben im Universum gleich dem *Galvanism* bewirken".[9] Ein weiterer wichtiger Schritt bestand darin, diese verschiedenen Wirkungsformen in eine einheitliche physikalische Theorie zu fassen. Den entscheidenden Beitrag hierzu erbrachte Robert von Mayer[10], der mit dem Allgemeinen Energieerhaltungssatz (in verschiedenen Publikationen seit 1842[11]) als Erster die Möglichkeit einer solchen Vereinheitlichung aufgezeigt hat.[12]

---

5   Charles Darwin (1809–1882), britischer Naturforscher

6   Darwin, *Über die Entstehung der Arten* (1859), Kap. 4 - *Natürliche Zuchtwahl oder Überleben des Passendsten*, 99. Vgl. das Zitat aus Hume, *Eine Untersuchung über den menschlichen Verstand*, oben S. 35f.

7   Luigi Galvani (1737–1798), italienischer Arzt und Naturforscher

8   Rosenberger, *Die Geschichte der Physik in Grundzügen* III (1887–1890), 75ff

9   Kant, *Schriften* XXI, 136

10   Julius Robert von Mayer (1814–1878), deutscher Arzt und autodidaktischer Physiker

11   Mayer, *Bemerkungen über die Kräfte der unbelebten Natur*, in: *Annalen der Chemie und Pharmacie von Wöhler und Liebig*, Bd. XLII, 2. Heft, 31. Mai 1842; auch in: *Schriften*. Dieser leider noch sehr unklare Aufsatz war der einzige, den Mayer in einer Fachzeitschrift veröffentlichen konnte. (Rosenberger, *Die Geschichte der Physik...* III, 378)

12   Rosenberger, *Die Geschichte der Physik...* III, 341-353

Vor allem in seiner zweiten diesbezüglichen Schrift *Die organische Bewegung in ihrem Zusammenhange mit dem Stoffwechsel* (1845) gelingt es ihm, den Begriff der „Kraft" (heute: Energie) zu klären und plausibel zu machen, dass es in der Natur nur qualitative Umwandlungen der Kraft gibt, während ihr Gesamtbetrag stets konstant bleibt. Wie bereits der Titel des Aufsatzes anzeigt, behandelt Mayer dort hauptsächlich biologische Phänomene. Sein eigentlicher Gegenstand ist jedoch genuin physikalisch: „Die Sonne ist eine nach menschlichen Begriffen unerschöpfliche Quelle physischer Kraft. Der Strom dieser Kraft, der sich auch über unsere Erde ergießt, ist die beständig sich spannende Feder, die das Getriebe irdischer Tätigkeiten im Gange erhält. […/] Die Natur hat sich die Aufgabe gestellt, das der Erde zuströmende Licht im Fluge zu haschen und die beweglichste aller Kräfte, in starre Form umgewandelt, aufzuspeichern. Zur Erreichung dieses Zweckes hat sie die Erdkruste mit Organismen überzogen, welche lebend das Sonnenlicht in sich aufnehmen und unter Verwendung dieser Kraft eine fortlaufende Summe chemischer Differenz erzeugen. […/] Diese Organismen sind die *Pflanzen*. […/] Die Zeit liegt nicht ferne hinter uns, wo die Streitfrage verhandelt wurde, ob die Pflanze während ihres Lebens chemische Urstoffe zu verwandeln, oder gar zu erzeugen im Stande sei. Tatsachen, Experimente schienen bejahen zu wollen, eine genauere Prüfung hat aber das Gegenteil gelehrt, und die Wissenschaft hat mit Überzeugung ein einstimmiges »Nein« ausgesprochen. Wir wissen, dass die Materien, um welche eine Pflanze zunimmt, und die, welche von der Pflanze ausgeschieden werden, in Summa den aufgenommenen Materien gleich sind. […] Es findet in der Pflanze nur eine *Umwandlung* nicht eine *Erzeugung* von Materie statt. [/] Dieser Satz bildet die verbindende Brücke zwischen Chemie und Pflanzenphysiologie; seine Wahrheit ist mehr *a priori* einleuchtend, als durch Versuche, welche überall keine Einrede zulassen würden, in den einzelnen Fällen zu erweisen. Die gleichen Gründe wie dort bestimmen uns nun, anzunehmen, dass die Pflanzen auch eine *Kraft* nur zu verwandeln, nicht aber zu erschaffen vermögen. [/] Die Pflanzen nehmen eine Kraft, das Licht, auf, und bringen eine Kraft hervor: die chemische Differenz." Mayer bemerkt, dass die bis dahin „im Kleinen angestellten [Labor-]Beobachtungen" noch keine signifikanten Aussagen über die fragliche Energiebilanz zulassen. Deshalb stützt er seine These auf „die alltägliche Erfahrung, dass die erhitzende Wirkung der Sonnenstrahlen auf weite Flächen Landes durch nichts so sehr gehemmt wird, als durch eine reiche Vegetation, obwohl die Pflanzen, der dunkeln Farbe ihrer Blätter wegen, einen größeren Teil des auf sie fallenden Sonnenlichtes aufnehmen müssen, als der kahle Boden." Da „zur Erklärung dieser Tatsache die Ausdünstung der Pflanzen nicht ausreicht", schließt er, dass ein Teil der mit der Sonnenstrahlung übertragenen Energie von den Pflanzen in Form eines chemischen Potentials gespeichert wird und daher nicht unmittelbar als Wärme in Erscheinung tritt: „Diese Differenz [das chemische Potential] ist, [...], eine physische Kraft; sie ist der bei der Verbrennung der Pflanzen gewonnenen Wärme gleich. Entsteht nun diese Kraft durch den Lebensprozess, ohne den Aufwand einer gegebenen Kraft? [...]; durch die Annahme einer solchen hypothetischen Aktion der »Lebenskraft« wird jede weitere Forschung abgeschnitten, und die Anwendung der Gesetze exakter Wissenschaften auf die Lehre von den Lebenserscheinungen unmöglich gemacht; [...]. Der Verfasser glaubt daher auf das Einverständnis seiner Leser rechnen zu dürfen, wenn er der folgenden Untersuchung als axiomatische Wahrheit den Satz unterlegt: *dass während des Lebensprozesses nur eine **Umwandlung**, so wie der Materie, so der Kraft, niemals aber eine **Erschaffung** der einen oder der anderen vor sich gehe.* [/] Zugegeben nun, dass die Erzeugung der chemischen Differenz nicht ohne entsprechenden Aufwand einer anderen Kraft vor sich gehen kann, so entsteht die weitere Frage: ob dieser Aufwand nur in der Konsumption des *Sonnenlichtes* bestehe und nicht etwa aus einer anderen Quelle fließe. [/] Die Vermutung, dass die Pflanzen von ihrer Umgebung freie Wärme in sich aufnehmen und mit Hilfe derselben die chemische Differenz hervorbringen könnten, wäre allerdings eine naheliegende; allein die Erfahrung widerspricht dieser Conjectur, sofern sie lehrt, dass Wärme allein niemals im Stande ist, den Reduktionsprozess zu unterhalten; es bleibt also eine Aufnahme von Licht die *conditio sine qua non* des Reduktionsprozesses."[13]

Demnach hat Mayer klar erkannt, dass Pflanzen unter Aufwendung von (Licht-)Energie ein Vermögen zur Ordnung der Materie – also zur Reduktion der Entropie – besitzen (vgl. oben: „die beweglichste aller Kräfte, in starre Form umgewandelt"). Im historischen Rückblick ist zu sehen, dass er hiermit seiner Zeit weit voraus war. Denn der Begriff der Entropie wurde im Zusammenhang mit der Frage entwickelt, in welchem

---

13 Mayer, *Schriften*, 79-83

Umfang Wärme sich für mechanische Wirkungen nutzen lässt. Diese Frage stellt sich aber erst vor dem Hintergrund des Ersten thermodynamischen Hauptsatzes zur Äquivalenz von thermischer und mechanischer Energie, der ein Spezialfall von Mayers allgemeinem Energieerhaltungssatz ist. Des Weiteren betrafen die von Clausius[14] und Thomson[15] seit 1850 durchgeführten Untersuchungen zur Umwandelbarkeit von Wärme ausschließlich *physikalische* Systeme (Thomson: Systeme „*unbeseelter Körper*“).[16] Und der Zweite thermodynamische Hauptsatz in den seit 1865 von Clausius und Boltzmann[17] vorgelegten Fassungen besagt, dass in *geschlossenen* Systemen, in denen per se kein Leben existieren kann, die Entropie allenfalls zunimmt.[18] Mayer formuliert in dem Aufsatz von 1845 also nicht nur den Energiesatz, der für die moderne Physik von zentraler Bedeutung ist, sondern er nimmt mit seinen Betrachtungen über den Stoffwechsel der Pflanzen auch den Begriff der Entropie vorweg und eröffnet eine von seinen Zeitgenossen nicht wahrgenommene Perspektive für das naturwissenschaftliche Verständnis des Lebens.

Im selben Aufsatz erörtert Mayer ferner den Stoffwechsel der Tiere, der auf dem der Pflanzen aufbaut. Dabei stellt er eine Verbindung zwischen der von den Tieren über ihre Nahrung aufgenommenen Energie und der von ihnen geleisteten mechanischen Arbeit her: „Das lebende Tier nimmt fortwährend aus dem Pflanzenreiche stammende brennbare Stoffe in sich auf, um sie mit dem Sauerstoff der Atmosphäre wieder zu verbinden. Parallel diesem Aufwande läuft die das Tierleben charakterisierende Leistung: die Hervorbringung mechanischer Effekte, die Erzeugung von Bewegungen, die Hebung von Lasten.“[19] In der späteren Schrift *Über Auslösung* (1876) thematisiert er außerdem bereits die neuronale Steuerung jener motorischen Aktionen: „Treten wir in die lebende Welt ein, so

---

14   Rudolf Clausius (1822–1888), deutscher Physiker

15   William Thomson/ Lord Kelvin (1824–1907), britischer Physiker

16   Rosenberger, *Die Geschichte der Physik…* III, 407-413

17   Ludwig Boltzmann (1844–1906), österreichischer Physiker und Philosoph

18   In der Beschreibung der theoretischen Thermodynamik geht ein solches geschlossenes System „allmählich von Zuständen mit kleinerer Entropie in Zustände mit größerer Entropie“ über, „bis schließlich die Entropie ihren größtmöglichen Wert erreicht, der dem vollständigen statistischen Gleichgewicht entspricht.“ (Landau/ Lifschitz, *Lehrbuch der theoretischen Physik* V. *Statistische Physik* I, 28) In der Realität korrespondiert dem etwa das Verwesen eines toten Organismus. Hierbei ginge das gehemmte thermodynamische Gleichgewicht, das in dem noch lebenden Organismus bestanden hat, in den Gleichgewichtszustand des vollständig dissoziierten Körpers über.

19   Mayer, *Schriften*, 85

sehen wir, dass unser ganzes Leben an einen ununterbrochenen Auslöse-
prozess geknüpft ist, […]. Die […] Bewegungserscheinungen beruhen alle
auf Auslösung. Man kann diese Bewegungen einteilen in unwillkürliche,
halbwillkürliche und willkürliche; […]. Die willkürlichen Bewegungen
entstehen bekanntlich durch Kontraktion quergestreifter Muskelfasern;
die Auslösung aber erfolgt durch die Einwirkung der ganglienfreien motorischen Nerven. Oft und passend hat man die Nerven mit Telegraphen-
drähten verglichen. Allerdings ist die Geschwindigkeit der Nervenleitung,
verglichen mit der Geschwindigkeit der elektrischen Schwingung im
Drahte eine unendlich geringe; aber immerhin ist sie noch groß genug
(bei etwa 30 Metern in der Sek.), um bei den geringen Distanzen, um welche es sich hier handelt, als unendlich groß zu erscheinen. Der Wille wird
also, freilich auf eine völlig rätselhafte und unbegreifliche Weise durch die
Bewegungsnerven zu den entsprechenden Muskeln geleitet, und auf diese
Weise erfolgt sofort die Auslösung, die gewünschte Aktion." Nach Mayers
Beschreibung gehorchen die neuronalen Prozesse also durchaus den universellen physikalischen Gesetzen, jedoch genügt deren Kenntnis nicht,
um, wie in der Physik gewohnt, Ursache und Wirkung mathematisch in
Relation zu setzen. Denn bei den fraglichen Regelprozessen stehen die
Signale, welche die Entbindung der aufgespeicherten Energie initiieren, in
keinem naturgesetzlichen Verhältnis zu der von ihnen ausgelösten Wirkung: „Die zahllosen Auslösungsprozesse haben nun das unterscheidende
Merkmal gemein, *dass bei denselben nicht mehr nach Einheiten
zu zählen ist*, mithin die Auslösung überhaupt kein Gegenstand mehr
für die Mathematik ist. Das Gebiet der Mathematik hat, wie jedes andere Reich auch, seine natürlichen Grenzen, und unser jetziges Gebiet liegt
eben außerhalb dieser Grenze. Die unendliche Menge von Auslösungs-
vorgängen entziehen sich jeder Berechnung".[20]

Wiederum vermittelt Mayer hier eine Einsicht in die Autonomie der
„lebende[n] Welt", die durch ihre eigensinnige Organisation gleichsam
die physikalische Welt transzendiert. Im damaligen Wissenschaftsbetrieb
wurde dies freilich kaum wahrgenommen.[21] Schon Mayers Publikationen

20 Mayer, *Schriften*, 413f
21 Rosenberger schreibt zur Rezeption von Mayers später Veröffentlichung: „Nur eine
    ganz kleine Abhandlung vom Jahre 1876 [*Die Toricelli'sche Leere und über Auslösung*],
    die acht Seiten Umfang hat, greift noch einmal das Grundthema [der Kraft] in einer
    Weise fortentwickelnd auf, wie sie wieder bis dahin nicht gedacht und auch bis jetzt [um
    1890] noch kaum verstanden und gewürdigt ist." (*Die Geschichte der Physik…* III, 350)

zur Erhaltung der Kraft hatten es geradezu verhindert, dass er im akademischen Bereich Fuß fassen konnte. Denn sie führten zunächst nur zu einem unwürdigen Prioritätsstreit (u. a. mit Joule[22]), der für ihn zu spät bereinigt wurde, so dass er sich, psychisch zerrüttet, für lange Zeit aus der Öffentlichkeit zurückzog. Infolgedessen fanden aber auch seine späteren biologischen Erkenntnisse, die ganz mit Uexkülls Bedeutungslehre übereinstimmen, in der Fachwelt keine Beachtung.[23] Allenfalls übernimmt Bergson 1907 in *Schöpferische Entwicklung* zur Begründung der „*Lebensschwungkraft*" Mayers Beschreibung der energetischen Mechanismen: „[...] Derart also erscheint das gesamte tierische und vegetabilische Leben seinem Wesen nach als eine Anstrengung, Energie aufzuhäufen, und diese dann in biegsame, umformbare Kanäle ausfließen zu lassen [...]."[24]

Bereits Kant hat verstanden, dass die in einem Lebewesen organisierte Materie durch zweckmäßige Nutzung der physikalischen Kräfte Macht über die unorganisierte Materie erlangt und dass das Leben neben den Naturgesetzen eigene Regeln zur Geltung bringt (s. o. die betreffenden Zitate). Aber erst Mayer entwickelte einen begrifflichen Rahmen, der es erlaubt, lebende Organismen wissenschaftlich zu beschreiben, ohne sie auf physikalische Objekte zu reduzieren. Und erst Uexküll konnte durchsetzen, dass die Biologie entsprechend als eine von der Physik verschiedene Naturwissenschaft Anerkennung findet. In *Theoretische Biologie* beruft er sich diesbezüglich auf die „Planmäßigkeit" der Organismen, die das Leben als autonome „Naturmacht" erscheinen lässt. Offenbar war jedoch auch er noch damit konfrontiert, dass die Spezifik des Lebens in der Forschung methodisch ausgeblendet wird. So bemerkt er: „Hier klafft eine Lücke, die immer empfindlicher wurde, je mehr man sich in das Studium der Lebewesen vertiefte. Die planmäßigen Bindungen der speziellen Mechanik, die nur bei Betrachtung des einzelnen Tierkörpers sichtbar werden, wurden zugunsten der kausalen Gesetze der allgemeinen Mechanik vernachlässigt und nach und nach die Physiologie den anorganischen Wissenschaften angegliedert. [/] Gegen diese Unterdrückung der eigentlichen Lebenserscheinungen hat Reinke[[25]] energisch Front gemacht. Er

---

22 James Prescott Joule (1818–1889), britischer Brauer und autodidaktischer Physiker
23 Rosenberger, *Die Geschichte der Physik...* III, 349f (*Über die Auslösungen der Kräfte*), 352f (*Biographie Mayer's*) , 376-386 (*Mayer's und Joule's Prioritätsstreit* etc.)
24 Bergson, *Schöpferische Entwicklung*, Kap. III - *Von der Bedeutung des Lebens/ Die Ordnung der Natur und die Form des Intellekts*, 255-258
25 Johannes Reinke (1849–1931), Mitbegründer der Deutschen Botanischen Gesellschaft

verlangte die Anerkennung einer der Physik gleichberechtigten Wissenschaft, die er »Diaphysik« nannte. Diese sollte von den organisierenden Kräften handeln, die den anorganischen Kräften die notwendigen Direktiven erteilen."[26]

Uexküll betont, dass die „Planmäßigkeit" der Organismen eine ihr korrespondierende „Aktivität"[27] zur Bedingung hat. Schon jede einzelne Zelle müsse durch bestimmte Funktionen ihren Selbsterhalt und ihre spezifische Ausdifferenzierung gewährleisten: „Die Funktion aller Zellen ist überall eine doppelte. Sie ist erstens *vegetativ*, wenn sie die Stoffe der Außenwelt aufnimmt und assimiliert. Die assimilierten Stoffe liefern den Brennstoff für die Bewegungen der Zelle oder dienen dem Wachstum der Zelle selbst. Zweitens sind die Funktionen *animal*, wenn sie die Wirkungen der Außenwelt in Erregung verwandelt, die ihrerseits die Bewegungen der Zelle auslöst. [/] Zu dieser doppelten Funktion der Zelle, die auch in der Keimzelle nachweisbar ist, gesellt sich nun eine dritte, welche die Keimzelle mit neuen Eigenschaften versieht, und dieser Funktion dient der Kern mit seinen Chromosomen."[28] Dasselbe gelte sinngemäß auch für Umweltinteraktionen auf makroskopischer Ebene. Speziell zur Verhaltenssteuerung der zentral organisierten Lebewesen (also Tiere und Menschen) schreibt Uexküll: „Wie wir bereits wissen, bildet der Tierkörper den Mittelpunkt einer speziellen Umwelt dieses Tieres. [.../] Und zwar sind die Umweltdinge eines Tieres als solche durch eine doppelte Beziehung zum Tier charakterisiert. Einerseits entsenden sie spezielle Reize zu den Rezeptoren (Sinnesorganen) des Tieres, andrerseits bieten sie spezielle Angriffsflächen seinen Effektoren (Wirkungsorganen). [/] Die doppelte Beziehung, in der alle Tiere zu den Dingen ihrer Umwelt stehen, ermöglicht es uns, die Umwelt in zwei Teile zu zerlegen, in eine *Merkwelt*, die die Reize der Umweltdinge umfasst, und in eine *Wirkungswelt*, die aus den Angriffsflächen der Effektoren besteht. [.../] *Merkmalträger und Wirkungsträger fallen immer im gleichen Objekt zusammen*, so lässt sich die wunderbare Tatsache, dass alle Tiere in die Objekte ihrer Umwelt eingepasst sind, kurz ausdrücken."[29] Allerdings bieten solche Aktivitäten keine Überlebensgarantie. Etwa kann ein instinktgesteuertes

---

26 Uexküll, *Theoretische Biologie*, Kap. 8 - *Die Planmäßigkeit*, 292f
27 Ebd., 301
28 Ebd., Kap. 6 - *Die Entstehung der Lebewesen*, 248f
29 Uexküll, *Umwelt und Innenwelt der Tiere* (2. Aufl. 1921), Kap. *Der Funktionskreis*, 45f

Verhalten, das auf eine bestimmte, in gewissem Sinne selbst geschaffene Umwelt eingespielt ist, scheitern, wenn dieser Rahmen verlassen wird. Das Leben ist demnach trotz aller Autonomie nicht souverän, sondern bisweilen neuen Bedingungen ausgesetzt, die seine bisherige Form in Frage stellen. In diesem Punkt muss folglich doch Darwin recht gegeben werden, denn die Lebewesen sind unabhängig von ihrer Planmäßigkeit einer natürlichen Auslese in Form von Trial and Error unterworfen. Solche *„Grenzen des Organismus"* räumt auch Uexküll ein. [30] Jedoch behält er gegen Darwin recht, insofern Lebewesen im Unterschied zur unorganisierten Materie eine strukturierende Kraft besitzen und das Leben als pluralistisches System nicht per se auf ein Konkurrenzverhältnis angelegt ist, bei dem nur die Anpassung an objektive äußere Bedingungen zählt.

Nach dem oben dargelegten Verständnis eignet jedem Lebewesen gleichsam ohne eigenes Zutun, aber auch ohne wesentliche Einflussmöglichkeit, eine Autonomie gegenüber der Natur. Diese Emanzipation von der Materie wird durch eine Bindung an die evolutionär entstandene biologische Organisation erkauft. Mit Freud könnte man formulieren, dass die Organismen „»*gelebt*« werden von unbekannten, unbeherrschbaren Mächten." [31] Die Funktionen zentral organisierter Lebewesen überschreiten jedoch das rein Physiologische, indem sie über den genetisch definierten Plan hinaus auch ein *genetisch nicht festgelegtes Verhalten* realisieren. Bei Tieren beschränkt sich dies noch auf eingespielte Verhaltensmuster im Rahmen bestimmter Umwelten. Dagegen hat der Mensch – nach einer letzten signifikanten Genmutation vor ca. 2,4 Millionen Jahren, in deren Folge sich seine Kaumuskulatur zurückbildete und sein Gehirnvolumen zunahm [32] – seit ca. 250 000 Jahren damit begonnen, selbst immer neue Umwelten zu schaffen und sein Verhalten entsprechend zu öffnen. Die für ihn charakteristische Lebensform ist die kulturelle Evolution, bei der ein durch Erfahrung erworbenes Wissen kumulativ tradiert wird. [33] Da dieser Prozess einen viel größeren Einfluss auf die menschlichen Lebensbedingungen ausübt als die biologische Evolution, können genetische Faktoren innerhalb historischer Zeiträume vernachlässigt wer-

---

30 Uexküll, *Theoretische Biologie*, Kap. 5 - *Die Welt der Lebewesen*, 204
31 Freud, *Das Ich und das Es* (1923), in: *Werke* XIII, 251
32 Currie, *Muscling in on hominid evolution* und Stedman et al., *Myosin gene mutation correlates with anatomical changes in the human lineage*, in: *Nature* 428, 25. März 2004; Pennisi, *The Primate Bite: Brawn Versus Brain?*, in: *Science* 303, 26. März 2004
33 Tomasello, *Die kulturelle Entwicklung des menschlichen Denkens*, 12-14

den. Allenfalls die Genexpression ist historisch variabel. Hierzu schreibt der Neurowissenschaftler Kandel: „Die Regulation der Genexpression durch soziale Faktoren macht alle Körperfunktionen, einschließlich aller Gehirnfunktionen, für soziale Einflüsse empfänglich. Diese sozialen Einflüsse werden biologisch in veränderten Expressionen spezifischer Gene verkörpert, die in spezifischen Nervenzellen bestimmter Hirnregionen stattfinden. Und diese sozial beeinflussten Veränderungen werden kulturell übertragen, und nicht genetisch, da sie nicht in das Sperma und die Eizelle eingehen. Bei Menschen ist die Veränderbarkeit der Genexpression durch Lernen (in nichtübertragbarer Weise) besonders wirksam und hat zu einer neuen Art der Evolution geführt: der kulturellen Evolution. Die Fähigkeit zum Lernen ist bei Menschen so hoch entwickelt, dass die Menschheit sich viel mehr durch kulturelle als durch biologische Evolution verändert. Messungen fossiler Schädel legen nahe, dass die Größe des menschlichen Gehirns sich seit dem ersten Erscheinen von *Homo sapiens* vor etwa 50 000 Jahren nicht verändert hat; doch die menschliche Kultur hat sich in derselben Zeit auf dramatische Weise entwickelt."[34]

Damit erscheint die menschliche Freiheit in einem völlig neuen Licht. So wird sie durch das Wirken der Naturgesetze in keiner Weise beeinträchtigt. Denn als lebender Organismus kann ein Mensch diese Wirkungen in der Regel für seine eigenen Intentionen nutzen. Und als ein Lebewesen, das seine genetische Konstitution im Verhalten flexibel überformt, besitzt er Freiheit zunächst sogar im Überfluss. Allerdings besteht die Gefahr, dass er die ihm aufgrund seiner (menschlichen) Natur gleichsam geschenkte Freiheit durch kulturelle Fixierungen oder generell durch falsche Verhaltensweisen wieder verspielt. In diesem Sinne bemerkt schon Mill[35] in dem Essay *Über die Freiheit* (1859): „Der Gegenstand dieser Untersuchung ist nicht die sogenannte Willens-Freiheit, wie man sie so ungeschickt der unpassend benannten Lehre von der Natur-Notwendigkeit entgegensetzt, sondern die *bürgerliche* oder *gesellschaftliche* Freiheit: die Natur und Grenzen der Gewalt, die füglich die Gesellschaft über den Einzelnen ausüben sollte."[36] Ähnlich bezeichnet später auch Schlick[37] in *Fragen der Ethik* (1930) das klassische Problem der Willens-

---

34 Kandel, *Ein neuer theoretischer Rahmen für die Psychiatrie*, in: Psychiatrie…, 87-89
35 John Stuart Mill (1806–1873), englischer Philosoph und Soziologe
36 Mill, *Über die Freiheit*, Kap. 1 - *Zur Einleitung*, 1
37 Moritz Schlick (1882–1936, ermordet), Philosoph, Begründer des Wiener Kreises

freiheit als eine „Scheinfrage", die zu diskutieren er sich „schämen" würde, wogegen die „Verantwortlichkeit" des Menschen durchaus ein würdiges Thema sei.[38] Desgleichen erklärt Kertész 1988 im Tagebuch, problematisch sei „nicht der sogenannte freie Wille, sondern die Möglichkeit der Unabhängigkeit und des Abstandes von uns selbst".[39]

Für die Bewahrung der menschlichen Freiheit wäre es demnach insbesondere notwendig, das Verhalten an den Bedingungen der kulturellen Evolution auszurichten. Wer also ein freier Mensch sein will, dürfte sich nicht an den kulturellen Status quo binden, falls seine persönliche Erfahrung Anlass zu einer Verhaltensänderung gibt. Darüber hinaus müsste er dies zum Gegenstand der kulturellen Überlieferung machen, so dass seine Existenz den historischen Kontext transzendiert. Erst eine solche Person, die *den kulturellen Prozess aktiv vorantreibt* und dabei zugleich *die geistige Tradition fortschreibt*, wäre im anspruchsvollen Verständnis frei. Da sie hiermit auch in idealer Weise die menschliche Lebensform verkörpert, könnte man sie mit Nietzsche als „wahrhaften *Menschen*" bezeichnen.[40] Die Mehrheit der Menschen genügt dem freilich keineswegs. Ebenso schreitet die Kultur längst nicht immer derart geregelt fort, welcher Umstand zuletzt durch das Entstehen der Totalitarismen Anfang des 20. Jahrhunderts wieder in Erinnerung gerufen wurde.[41] Wie ich im Folgenden zeige, ermöglicht jene spezifische Aktivität aber selbst unter diesen Bedingungen eine individuelle Freiheit und, zumindest in bestimmten Milieus, den Erhalt der menschlichen Kultur.

---

38 Schlick, *Fragen der Ethik*, 155

39 Siehe das Zitat aus dem *Galeerentagebuch*, oben S. 25.

40 Nietzsche schreibt in *Schopenhauer als Erzieher* (dritte »Unzeitgemäße Betrachtung«, 1874) über die (wenigen) Menschen, die sich gemäß den von Schopenhauer propagierten Idealen aus der Immanenz befreit haben: „Das sind jene wahrhaften *Menschen, jene Nicht-mehr-Tiere, die Philosophen, Künstler und Heiligen*; bei ihrem Erscheinen und durch ihr Erscheinen macht die Natur, die nie springt, ihren einzigen Sprung, und zwar einen Freudensprung, denn sie fühlt sich zum ersten Male am Ziele, dort nämlich, wo sie begreift, dass sie verlernen müsse, Ziele zu haben, und dass sie das Spiel des Lebens und Werdens zu hoch gespielt habe." (*Werke* I, 324)

41 Dazu bemerkt Kertész in einer Notiz von 1981: „Im 18., aber auch noch im 19. Jahrhundert war das »Volk«, ob noch leibeigen oder schon bäurisch, eher Tier als die *Sache*, zu der es im 20. Jahrhundert geworden ist." (*Galeerentagebuch*, 115) Die „Ver-sachlichung" des Menschen thematisiert ähnlich auch Broch in *Massenwahntheorie*, III.4 - *Rechtsprechung und neuer Menschentyp* (1948): „sowenig wie seiner Tierhaftigkeit entrinnt der Mensch – wie eben die Rechts- und Institutions-Situationen zeigen, in die er sich begibt – niemals seiner Sachhaftigkeit, vielmehr bleibt er stets eine Tierspezies und eine Sachspezies." (*Werke* XII, 476)

III Die Dynamik der menschlichen Kulturen

Im Unterschied zu den modernen Anthropologen, die – trotz der jüngsten historischen Katastrophen – von der relativ optimistischen Vorstellung einer unaufhaltsamen kulturellen Evolution ausgehen, haben im 18. Jahrhundert Vico[1] und Herder[2] ein eher pessimistisches Szenario entworfen, gemäß dem auf den heroischen Aufbau einer Gesellschaft stets wieder deren Verfall (und darauf ein erneuter Aufbau etc.) folgt.[3] Für die Entwicklung der menschlichen Kulturen nehmen sie ein blindes Prinzip des Trial and Error an, ähnlich dem der Darwinistischen Auslese, ohne aber an die Entstehung von etwas Neuem zu glauben. Zwar existiert für Herder immerhin das Vermögen der „Vernunft", das die kulturellen Werte als „etwas *Vernommenes*" reproduziert: „das fortgehende Werk der Bildung des menschlichen Lebens. Sie ist ihm [dem Menschen] nicht angeboren, sondern er hat sie erlangt; und nachdem die Eindrücke waren, […], die Vorbilder, […], nachdem ist auch seine Vernunft".[4] Und Vico zufolge besitzen die Menschen die Neigung, „das Andenken der Gesetze und Institutionen zu bewahren".[5] Jedoch scheinen sie sich beide mit einer unüberwindlichen Beschränktheit abzufinden. So würden (nach Herder) regelmäßig „Verschwender" die „Schätze des Geistes ihrer sammelnden Eltern"[6] zunichte machen, weshalb (nach Vico) der „*Lauf der Völker*" immer wieder „von vorne anfangend *wiederkehren*"[7] müsse.

Vico und Herder ziehen nur den Erhalt respektive die Wiedergewinnung bestimmter vorgegebener Werte in Betracht, nicht aber ihre zeitgemäße Aktualisierung oder gar einen *offenen* kumulativen Prozess. Aber selbst wenn lediglich der Rückfall auf eine frühere Stufe verhindert werden soll, ist eine solche Kreativität nötig. Nietzsche, der wohl von Vico und Herder zu seinem Motiv der »ewigen Wiederkehr«[8] inspiriert wurde,

---

1   Giambattista Vico (1668–1744), italienischer Geschichts- und Rechtsphilosoph
2   Johann Gottfried von Herder (1744–1803), Dichter, Theologe und Kulturphilosoph
3   Vico, *Prinzipien einer neuen Wissenschaft über die gemeinsame Natur der Völker* (1725, erw. 1744); Herder, *Ideen zur Philosophie der Geschichte der Menschheit* (1784–1791)
4   Herder, *Ideen…*, I.4, Kap. IV, 153
5   Vico, *Prinzipien…*, Nr. 201
6   Herder, *Ideen…*, I.5, Kap. VI, 193f
7   Vico, *Prinzipien…*, Nr. 41
8   Nietzsche: „Denken wir diesen Gedanken in seiner furchtbarsten Form: das Dasein, so wie es ist, ohne Sinn und Ziel, aber unvermeidlich wiederkehrend, ohne ein Finale ins Nichts: »*die ewige Wiederkehr*«." (*Nachlass der Achtzigerjahre*, in: *Werke* III, 853)

setzt dies für die (Wieder-)Aneignung des „Klassischen" oder „Große[n]" „früherer Zeiten" dagegen explizit voraus. So sei eine äußerliche Bildung, die nach der Devise: „»seht, das Große ist schon da!«" das Überlieferte unverändert übernimmt, nur „eine klägliche Nachahmung" ohne wirklichen Nutzen: „Geschichte schreibt der Erfahrene und Überlegene. Wer nicht einiges größer und höher erlebt hat als alle, wird auch nichts Großes und Hohes aus der Vergangenheit zu deuten wissen."[9] Entsprechend unterscheidet auch schon Kant ein theoretisches „Welt *kennen*" von einem pragmatischen „Welt *haben*", wobei ein reiner Theoretiker „nur das Spiel *versteht*, bei dem er zugesehen hat", während ein durch Erfahrung Gebildeter selbst „*mitgespielt* hat".[10]

Als eigentliche „Verschwender" im Sinne Herders erscheinen somit diejenigen, welche die tradierten Formen bloß passiv nutzen, ohne sie mit ihrer persönlichen Erfahrung abzugleichen und dadurch ihren Wert für die Zukunft (provisorisch) zu sichern. Werden solche Menschen in einer Gesellschaft tonangebend, beeinträchtigt dies die kulturelle Überlieferung. Ein aktuelles Beispiel dafür ist der europäische Kulturbruch zu Beginn des 20. Jahrhunderts. Hierüber schreibt Ludwig Curtius[11] in *Die antike Kunst in der modernen Welt* (Festschrift für Karl Jaspers, 1953): „Die [... in Europa einst kulturtragende aristokratische] Gesellschaft empfing in jeder Epoche ihren Bildungsbesitz von der vorausgehenden und gab ihn, schöpferisch ihn verwandelnd, in einer nicht abgerissenen Tradition an die folgende weiter. Diesen Bildungsbesitz kann man, [...], als europäischen Humanismus bezeichnen. In ihm dominiert innerhalb der christlichen Weltanschauung die antike Literatur als Grundlage der Erziehung. [.../] Diese humanistisch erzogene Aristokratie nun ist zuerst durch die Französische Revolution erschüttert, durch die politisch-soziale Entwicklung des 19. Jahrhunderts immer mehr geschwächt und schließlich als Folge der beiden letzten Weltkriege gänzlich aufgelöst worden. An ihre Stelle ist keine neue getreten. Diese völlig neue Situation erhält aber dadurch ein besonderes Gepräge, dass durch die von der modernen Technik hervorgerufene Bevölkerungsvermehrung die Masse als politischer Faktor auftritt mit dem Anspruch auf ihren Anteil an dem allgemeinen

---

9   Nietzsche, *Vom Nutzen und Nachteil der Historie für das Leben* (zweite »Unzeitgemäße Betrachtung«, 1874), in: *Werke* I, 221, 224, 232, 251
10   Kant, *Anthropologie in pragmatischer Hinsicht* (1798), Vorrede, in: *Schriften* VII, 119f
11   Ludwig Michael Curtius (1874–1954), deutscher Archäologe

Kulturgut. Zugleich fallen in diese Zeit die großen Fortschritte der Naturwissenschaften und der von diesen getragenen Technik. Aber diese bilden
als solche keinen Widerspruch gegen den Humanismus. [...] Sondern das
Wesentliche ist dies, dass seit der Erschütterung der bis dahin führenden
Aristokratie die das Kulturleben ordnende Instanz fehlt."[12]

Eine konkrete Darstellung dieser Situation gibt etwa Nadeschda
Mandelstam in ihren Memoiren. Dort schildert sie, wie in der sowjetischen Gesellschaft zur Zeit des Stalinismus die hergebrachten Vorstellungen vom „Menschen" gültig blieben, obwohl sie von der Realität längst
überholt waren: „Die bewahrenden Kräfte bewahren gleichgültig das
Gewohnte, wohin es auch jeweils führte – sei es zum Leben oder zum
Untergang. [...] Die bewahrenden, die konservativen Kräfte leben aus
diesem Beharrungsvermögen und in Ländern, die eine schwere Krise
durchmachen, sind sie besonders bemerkbar und augenfällig. Ein Beispiel dafür sind jene begnadeten Alten, die ihr halbes Leben in Lagern
verbracht haben und dennoch fortfahren, mit ihrem alten Vokabular zu
reden, und sich so mit einem früheren Verständnis bewaffnen, das ihnen
bereits das Leben zum Krüppel gemacht hat." „Die konservativen Massen bewahren im Grunde nichts, und sie fügen sich jedem Wechsel der
Ereignisse." Dabei bildeten sie eine „ungeheuer stumpfsinnige Macht",
die sich leicht dazu gebrauchen lasse, die wirklichen „Vermächtnisse" zu
zerstören.[13] Ebenso erkennt auch Jaspers, der die gesamte Zeit des Nationalsozialismus gemeinsam mit seiner jüdischen Frau in Deutschland verbracht hat: „Seit 1933 wurden unerwartete Erfahrungen unumgänglich.
Was den Menschen möglich ist an Ungeheuerlichkeit, [...], das wurde
in einem Umfang wirklich, dass das Wissen um den Menschen anders
werden musste. [...] Bei nachträglicher Betrachtung zwar, im Rückblick
auf das Ganze der Weltgeschichte, zeigte sich, dass diese Unmöglichkeiten
in ihrer Wurzel gar nicht neu waren, sondern nur in ihrer Erscheinung,
dass die Befangenheit eines Zeitalters trotz des geistigen Umfangs seines
Bewusstseins uns den Blick dorthin verschleiert hatte."[14] *Es gibt nicht
mehr die gemeinsame abendländische Welt*, keinen gemeinsam ge-
glaubten Gott, kein gültiges Menschenbild, [..../...] Zwar bleiben Über-
lieferungsfetzen, schon allein durch die Sprache. Mit der Preisgabe der

---

12   Curtius, *Torso*, 46f
13   N. Mandelstam, *Generation ohne Tränen*, 238f, 329
14   Jaspers, *Philosophische Autobiographie* (1956), in: *Philosophie und Welt*, 351

geschichtlichen Kontinuität wird das Bewusstsein des Abendlandes, wird Heimat, Herkunft, Familie gleichgültig, […], wird das je eigene Leben gelebt ohne Erinnerung. Durch Ausbleiben der Überlieferung, durch Beschränkung der Erziehung auf das Nützliche und die propagandistisch geformten Auffassungsschemata scheint die Geschichte gleichsam abzureißen."[15] Desgleichen erklärt Kertész, der 1944 über Auschwitz in das KZ Buchenwald deportiert wurde und nach seiner Befreiung 1945 im sozialistischen Ungarn lebte, dass zum Verständnis seiner Erlebnisse „das humanistische Weltbild des neunzehnten Jahrhunderts" nicht genügt. Der sogenannte „»Holocaust«[16]" erschiene aus dieser Perspektive unerklärlich, er würde also praktisch verdrängt, obwohl er Teil der europäischen Kultur war. Stattdessen sei eine „Nach-Auschwitz-Sprache" nötig, in der die aktuelle Erfahrung zur Geltung komme.[17] Kertész zog für seine literarische Tätigkeit die Konsequenz, sie als „strikte Privatangelegenheit" zu betrachten und sich von der „Sprache", die „quasi aus einer vor unserer Zeitrechnung liegenden Kulturepoche" überliefert wurde, genauso zu distanzieren wie von der „staatlich gelenkten und sogenannten engagierten Literatur": „Ich dagegen kam an einem schönen Frühlingstag 1955 unvorhergesehen auf den Gedanken, dass nur eine einzige Realität existiert, diese Realität aber bin ich selbst, mein Leben, dieses zerbrechliche und mir für unbestimmte Zeit zugesprochene Geschenk, das unbekannte, fremde Mächte beschlagnahmt, verstaatlicht, determiniert und besiegelt hatten und das ich aus der sogenannten Geschichte, diesem fürchterlichen Moloch, zurückholen musste, weil es allein mir gehört und ich entsprechend mit ihm umzugehen hatte."[18] Demnach führte er den laut Curtius schon nicht mehr existierenden „Humanismus" individuell fort. Hieran ist nicht neu, dass der Erhalt der Kultur durch eine persönliche Initiative

---

15 Jaspers, *Über Bedingungen und Möglichkeiten eines neuen Humanismus* (1949), in: *Rechenschaft und Ausblick*, 277f

16 Kertész verwendet den etablierten Begriff »Holocaust« (Brandopfer), obwohl er gegen ihn zwei Einwände hat. Wie er in dem autobiografischen Roman *Dossier K* (2006) darlegt, hält er zum einen die Konnotation des sinngebenden Opfers für unpassend. Zum anderen bedeute gr. „*holócau(s)tos*" „ganz verbrannt", wodurch die Überlebenden aus dem Blick gerieten. Hierbei bezieht Kertész sich auf Giorgo Agamben, der in *Was von Auschwitz bleibt* (1998, dt. 2003) entsprechende Hinweise gibt. (*Dossier K*, 80; vgl. Agamben, *loc. cit.*, 25) Eine Alternative wäre »Shoah« (Katastrophe).

17 Kertész, *Die exilierte Sprache* (Rede, Berlin, 2000), in: *Die exilierte Sprache*, 211f

18 Kertész, »*Heureka!*« (Rede zum Nobelpreis für Literatur 2002, Stockholm), in: *Die exilierte Sprache*, 243-246

bewerkstelligt wird und dass sich nur Wenige auf diese Weise engagieren. Vielmehr besteht die neue Situation nach dem Verfall der humanistischen Konsens-Kultur darin, dass potentiell kulturerhaltende Individuen wie Kertész nicht mehr Teil einer gesellschaftlich einflussreichen Elite sind, wie die Intellektuellen und Künstler früherer Zeiten. Allenfalls beteiligen sie sich an einem geistigen Prozess, der parallel zum historischen Geschehen verläuft und der alle provinziellen Verhältnisse transzendiert.

Die überlieferten Werke der Philosophie und der Kunst belegen, dass eine solche geistige Tradition schon lange besteht. Und tatsächlich kann man sie als das für die Menschheit eigentlich Bedeutsame werten, während die Geschichte der menschlichen Herrschaftsverhältnisse ephemer und kontingent erscheint. In diesem Sinne stellt bereits Schopenhauer im zweiten Teil von *Die Welt als Wille und Vorstellung* (1819, 1844) den durch „Individuen" getragenen geistigen Prozess, der sich über Generationen und Kulturen hinweg im Medium der „*Schrift*" (oder anderer symbolischer Artefakte) realisiert, der wechselhaften Geschichte von „Völker[n]" und „Staat[en]" entgegen, die als solche in der Immanenz verbleiben.[19] Dies übernimmt auch Nietzsche in der dritten »Unzeitgemäßen Betrachtung« *Schopenhauer als Erzieher* von 1874: „Wer sein Leben nur als einen Punkt versteht in der Entwicklung eines Geschlechtes oder eines Staates oder einer Wissenschaft und also ganz und gar in die Geschichte des Werdens, in die Historie hineingehören will, hat die Lektion, welche ihm das Dasein aufgibt, nicht verstanden und muss sie ein andermal lernen. Dieses ewige Werden ist ein lügnerisches Puppenspiel, über welchem der Mensch sich selbst vergisst, [...], das endlose Spiel der Albernheit, welches das große Kind Zeit vor uns und mit uns spielt. Jener Heroismus der Wahrhaftigkeit [von dem Schopenhauer gesprochen hat[20]] besteht darin, eines Tages aufzuhören, sein Spielzeug zu sein."[21] Entsprechend entwirft er in

---

19 Schopenhauer, *Die Welt als Wille und Vorstellung* II, *Ergänzungen zum dritten Buch* (von Bd. I), Kap. 38 - *Über Geschichte*, in: *Werke* II, 504, 508

20 Schopenhauer: „Ein *glückliches Leben* ist unmöglich: das höchste, was der Mensch erlangen kann, ist ein *heroischer Lebenslauf*. Einen solchen führt Der, welcher, in irgend einer Art und Angelegenheit, für das Allen irgendwie zu Gute Kommende, mit übergroßen Schwierigkeiten kämpft und am Ende siegt, dabei aber schlecht oder gar nicht belohnt wird. Dann bleibt er, am Schluss, wie der Prinz im *Re corvo* des Gozzi[*], versteinert, aber in edler Stellung und mit großmütiger Gebärde stehn. [...]" (*Parerga und Paralipomena* II, Kap. XIV, § 172a [Senilia 25], in: *Werke* V, 349)

* Graf Carlo Gozzi (1720–1806), Erneuerer der Commedia dell' Arte in Venedig

21 Nietzsche, *Werke* I, 319

der zweiten »Unzeitgemäßen Betrachtung« *Vom Nutzen und Nachteil der Historie für das Leben* aus demselben Jahr das Modell einer *„monumentalischen* Historie", gemäß dem heroische Individuen, die sich über die »Geschichte des Werdens« erhoben haben, miteinander kommunizieren: „ein Riese ruft dem andern durch die öden Zwischenräume der Zeiten zu, und ungestört durch mutwilliges lärmendes Gezwerge, welches unter ihnen wegkriecht, setzt sich das hohe Geistergespräch fort." Jene „einzelnen, die eine Art von Brücke über den wüsten Strom des Lebens bilden", befinden sich dabei in einem Widerstreit mit den „Massen", die in ihren unmittelbaren Interessen befangen sind und das „Große", das transzendente Werte einfordern würde, „nicht entstehen" lassen wollen: „Denn sie wollen zunächst nur eines: leben um jeden Preis."[22]

Die Polemiken von Schopenhauer und Nietzsche richten sich namentlich gegen Hegel[23], der an die Stelle des zweigeteilten Prozesses von geistiger und profaner Geschichte eine alles umfassende Geschichtsdialektik gesetzt hat. Hierbei ging das Primat des Individuums und zugleich das Moment der Transzendenz verloren. So sind aus Hegels Sicht die Menschen zunächst bloße „Atome", die erst durch Eingliederung in das soziale Gefüge einen respektablen Status als gesellschaftlich konstruiertes Subjekt erlangen.[24] Damit wären sie aber bereits total in die von Nietzsche sogenannte »Geschichte des Werdens« integriert. Zwar leugnet Hegel nicht die Existenz großer Persönlichkeiten oder einflussreicher *„Genies"* (wie „Künstler", „große[] Feldherrn und Könige[]" oder „Heroen der Wissenschaft"). Jedoch geht er davon aus, dass sie ihre besonderen Fähigkeiten „nicht in sich selbst hervorbringen" können, sondern diese allein ihrem jeweiligen Umfeld verdanken: „auch die verschiedenen Künste [sind] mehr oder weniger nationell und stehen mit der Naturseite eines Volkes im Zusammenhange."[25] Indes stellt er keine geistige Tradition in Rechnung, die eine kontextunabhängige Referenz wäre und gleichfalls dabei helfen könnte, die fraglichen Fähigkeiten auszubilden.

Man kann sehen, dass mit Hegel eine folgenreiche Spaltung in der europäischen Philosophie eingeleitet wurde. Für Kant war das Individu-

---

22 Ebd., 220f, 270
23 Georg Wilhelm Friedrich Hegel (1770–1831), Professor für Philosophie in Jena, Heidelberg und Berlin
24 Hegel, *Vorlesungen über die Philosophie der Geschichte* (1822ff), *Die Aufklärung und die Revolution,* in: *Werke* XII, 534
25 Hegel, *Vorlesungen über die Ästhetik* (1817ff), *Der Künstler,* in: *Werke* XIII, 363, 367f

um noch die entscheidende Instanz, die für den Erhalt der Kultur verantwortlich ist. Dass Hegel davon abwich, bewirkte einen Bruch in der geistigen Tradition, der zuletzt auch zu schwerwiegenden kulturellen Verwerfungen führte. Hegel hatte zunächst Einfluss auf Marx sowie später auf totalitäre Ideologien, in die sein Antiindividualismus (und genau besehen auch: Nihilismus) einging. Nach dem 2. Weltkrieg urteilt Karl Popper[26] hierüber in *Die offene Gesellschaft und ihre Feinde* (1945): „Die Formel des faschistischen Gebräus ist also in allen Ländern dieselbe: Hegel plus ein Schuss Materialismus des 19. Jahrhunderts (insbesondere Darwinismus in der vergröberten Form, die ihm Haeckel[27] gegeben hatte). […] Wie wir sehen werden, ersetzte Marx den »Geist« Hegels durch die Materie und durch materielle und ökonomische Interessen. In derselben Weise ersetzte die Rassenlehre den »Geist« Hegels durch etwas Materielles, durch die quasi-biologische Vorstellung des Blutes oder der Rasse. Statt des »Geistes« ist nun […] das Blut der Beherrscher der Welt und entfaltet sich auf der Bühne der Weltgeschichte; […]".[28] Und Jean Améry, wie Kertész ein ehemaliger KZ-Häftling, schreibt in *Hegel – Befreier oder Oppressor?* (1970): „Er ist – und hier hat der allzu oft und zum Überdruss zitierte Satz Marxens seinen Platz – nicht einer, der die Welt verändern will. Er verharrt nicht nur in seiner trüben Gegenwart, sondern weiß der von ihm mit fast erschreckender Hellsichtigkeit durchschauten bürgerlichen Gesellschaft nichts anderes entgegenzusetzen als den noch viel entschiedener oppressiven *Staat*: die Staatsidee, die preußische seiner Zeit, mitsamt ihrer Zensur und ihrer hierarchisch-hieratischen Starre, ist für ihn der Hafen, in den er einfährt nach seiner Schiffahrt auf dem gefährlichen Meer bürgerlicher Ordnung-Unordnung. Hier sieht er Wirklichkeit und Theorie versöhnt: die große Synthese, […]; jenes Wirkliche, das vernünftig, das Vernünftige, das wirklich ist.[29]"[30] Die Gegenlinie wurde damals bekanntlich von Schopenhauer eröffnet, der an der Berliner Universität ein unmittelbarer Konkurrent von Hegel war,[31] und setzte sich über Nietzsche bis zu Autoren wie Jaspers fort. Diese versuchten, auch in

---

26 Sir Karl Raimund Popper (1902–1994), österreichisch-britischer Philosoph
27 Ernst Haeckel (1834–1919), Zoologe. Ein Verehrer Haeckels war Lenin. (Kröner)
28 Popper, *Die offene Gesellschaft…* II, 78f
29 Nach Hegel, *Grundlinien der Philosophie des Rechts* (1820), in: *Werke* VII, 24
30 Améry, *Werke* VI, 346f
31 Siehe etwa H. Mayer, *Goethe. Ein Versuch über den Erfolg* (1973), Exkurs 2 - *Goethe, Hegel und das neunzehnte Jahrhundert*, 134ff

der bürgerlichen Gesellschaft ein aristokratisches Element zu erhalten,[32] während Hegel und seine Nachfolger dieses als obsolet betrachteten.

Gesellschaftlich spiegelt sich jene Spaltung im Widerstreit zwischen den Vertretern des Liberalismus, die den Werten der Aufklärung verpflichtet waren,[33] und der im Entstehen begriffenen Massenkultur, in der keine geistigen Werte gelten. Wie Ortega in *Der Aufstand der Massen* (1930) formuliert, erscheint es als charakteristisch für die Massenmentalität, *„dass die gewöhnliche Seele sich über ihre Gewöhnlichkeit klar ist, aber die Unverfrorenheit besitzt, für das Recht der Gewöhnlichkeit einzutreten und es überall durchzusetzen."*[34] Kant konnte solche gewöhnlichen Existenzen noch ganz selbstverständlich als „Idioten" abtun (siehe S. 19, Anm.) und musste seine Freiheit nur gegen die preußische Obrigkeit verteidigen.[35] Bei Schopenhauer und Nietzsche ist dagegen schon merkbar, dass sie weniger mit der Regierung als mit der Allgemeinheit konfrontiert waren. Nietzsche sah sogar voraus, dass der vom „Christentum" kultivierte *„Herden-Instinkt"* und die *„Mittelmaß-Natur"* auch *„politisch"* an Einfluss gewinnen und „die Unterdrückten, die Niedrigen, die ganze große Menge von Sklaven und

---

32 Etwa erklärt Jaspers in *Wohin treibt die Bundesrepublik?* (1966): „Demokratie ist ihrem Sinn nach zugleich aristokratisch. Von dieser sich ständig erneuernden Aristokratie geht der Einfluss auf die Umgebung, beginnend in den kleinsten Kreisen, schließlich auf die gesamte Bevölkerung. [...] Die Parteienoligarchie dagegen wendet sich unmittelbar an die Massen. Sie spielt die Anonymität der großen Zahl gegen jeden Einzelnen aus. Sie hat es mit der Mehrzahl zu tun, aber wesentlich nur bei den Wahlen." (139f) In *Antwort. Zur Kritik meiner Schrift »Wohin treibt die Bundesrepublik?«* (1967) ergänzt er: „Das Volk will, dass die Besten aus ihm nach oben getragen werden. Eine Demokratie, die nicht den aristokratischen Willen zu den hervorragenden Männern hat, ist verloren an Massenherrschaft und Diktatur." (115) Zuvor schreibt bereits Huizinga in *Geschändete Welt* (1943, erschienen posth. 1945): „Erst die Beimengung eines aristokratischen Elements macht die Demokratie lebensfähig. Fehlt dieses Element, so läuft sie stets Gefahr, an der Unkultur der Massen zugrunde zu gehen." (*Schriften zur Zeitkritik*, 234)

33 Siehe etwa Croce, *Geschichte Europas im 19. Jahrhundert* (1932).

34 Ortega, *Werke* III, 13

35 In dem Artikel *Beantwortung der Frage: Was ist Aufklärung?* spricht Kant sich als *„Gelehrter"*, der keine konkreten politischen Absichten verfolgt, das Recht auf eine „freimütige[] Kritik" an der *„Gesetzgebung"* zu. (*Berlinische Monatsschrift*, Dez. 1784, in: *Schriften* VIII, 37, 41) Der preußische König Friedrich Wilhelm II (1744–1797, Amtsantritt 1786), der eine politische Wende gegen die Aufklärung einleitete, nahm jedoch auch Einfluss auf akademische Publikationen. So erreichte er etwa durch die Androhung „unangenehmer Verfügungen", dass Kant nach dem Erscheinen von *Die Religion innerhalb der Grenzen der bloßen Vernunft* (1793, 2. Aufl. 1794) versicherte, sich zukünftig „aller öffentlichen Vorträge die Religion betreffend sowohl in Vorlesungen als in Schriften [...] gänzlich [zu] enthalten". (Irrlitz, *Kant-Handbuch*, 43f)

Halbsklaven" diktatorisch herrschen werden: „Erste Stufe: sie machen sich frei – sie lösen sich aus, imaginär zunächst, sie erkennen sich untereinander an, sie setzen sich durch. [/] Zweite Stufe: sie treten in Kampf, sie wollen Anerkennung, gleiche Rechte, »Gerechtigkeit«. [/] Dritte Stufe: sie wollen die Vorrechte (– sie ziehen die Vertreter der Macht zu sich hinüber). [/] Vierte Stufe: sie wollen die Macht *allein*, und sie *haben* sie…"[36]

Bevor sich Nietzsches Prophezeiung Anfang des 20. Jahrhunderts in brutalster Form erfüllte, bewirbt Bergson in *Das Lachen* (1900) noch die Zivilisierung der Gesellschaft durch eine informelle soziale Kontrolle, bei der naturalistische Verhaltensformen als lächerlich bloßgestellt und auf diese Weise ohne viel Aufhebens korrigiert werden. Schließlich entwirft er in *Die beiden Quellen der Moral und der Religion* (1932) das Bild einer gemischten Gesellschaft, in der verschiedene Mentalitäten, die in einem Bereich „zwischen zwei extremen Haltungen" verteilt sind, koexistieren. Der eine Idealtypus ist dabei der eines außengeleiteten Menschen, der im Wesentlichen Konventionen folgt und Befehlen gehorcht, während der andere Typus Kants Ideal eines autonomen Menschen entspricht. So gebe es „einerseits das Wandeln auf den von der Gesellschaft vorgezeichneten Wegen, […], und andererseits das Zögern und Überlegen, welchen Weg man einschlagen solle, und wieweit man ihm folgen solle, […]. Aber zunächst ist die erste Haltung die der ungeheuren Mehrheit der Menschen; in den niederen Gesellschaften ist sie wahrscheinlich ganz allgemein." Solche „Menschen" und die von ihnen gebildete „Gesellschaft" seien – ähnlich „Ameise[n]" – von der „Aufgabe individueller und sozialer Erhaltung beide ganz in Anspruch genommen", also ohne jede Transzendenz nur „sich selbst zugewandt." Die „andere Haltung" sei „die der *offenen* Seele", welche „die ganze Menschheit" im Blick behalte.[37] Speziell in Hinsicht auf geistige Leistungen unterscheidet Bergson ferner eine genialische Kreativität (wiederum im Sinne Kants[38]), die selten und deren Erfolg „ungewiss" sei, von einer Tätigkeit im Rahmen der Konventionen: „Gewöhnlich verbleibt er [der Autor] beim Schreiben im Bereich der Begriffe und der Worte. Die Gesellschaft liefert ihm, von seinen Vorgängern herausgearbeitet und in der Sprache aufgespeichert, Ideen, die er

36   Nietzsche, *Nachlass der Achtzigerjahre*, in: *Werke* III, 607 f

37   Bergson, *Materie und Gedächtnis und andere Schriften*, 260, 271 f

38   Vgl. Kant zur „*Originalität* im Denken (das Genie)" und zur „Gelehrsamkeit", *Anthropologie…*, §54 und §59, in: *Schriften* VII, 220, 227.

in neuer Art miteinander verbindet, […]. Das so geschaffene Werk kann übrigens originell und stark sein; […]. Aber es wird nur einen Zuwachs zum jährlichen Einkommen bedeuten; die soziale Intelligenz wird fortfahren, von demselben Kapital zu leben, von den gleichen Werten. Nun gibt es aber noch eine andere Art zu schaffen, die anspruchsvoller ist, aber weniger sicher, und die nicht sagen kann, wann sie zum Ziele kommen wird und ob sie zum Ziele kommen wird. […] der Schriftsteller […] wird die bloße Emotion aufsuchen, […]. Man wird die Wörter vergewaltigen und die Dinge zwingen müssen. Trotzdem wird der Erfolg niemals sicher sein; […]; für jeden Teilerfolg dankt er dem Zufall, […]. Wenn es ihm aber gelingt, dann hat er die Menschheit bereichert um ein Gedankengut, das […] unendliche Zinsen tragen wird […].“[39] Tatsächlich erlebte Europa zu Beginn des 20. Jahrhunderts zunächst eine Periode derart gesteigerter Kreativität, die in die ganze Welt ausstrahlte. In den Naturwissenschaften gab es einen rasanten Fortschritt, der bei aller Dynamik die Rationalität erhielt, weil die jeweils neu entdeckten Phänomene berechenbar und damit verfügbar gemacht wurden. Gleichermaßen ambitioniert versuchten Geisteswissenschaftler und Künstler, die sich ändernde Kultur zu erschließen. Jedoch fand dieser Aufschwung, der schon durch den 1. Weltkrieg eine Unterbrechung erfuhr, mit Entstehen der totalitären Gesellschaften in den 30er Jahren ein abruptes Ende. Gewissermaßen wurde hierbei der zweite der von Bergson genannten Menschentypen, wie von Nietzsche vorhergesagt, durch den ersten vollkommen unterworfen. Mit Nadeschda Mandelstam könnte man vermuten, er hätte sich im Grunde selbst der Irrationalität ergeben (vgl. S. 20). Ebenso (und vielleicht für Mandelstam vorbildlich) bezichtigt Benda[40] in *Der Verrat der Intellektuellen* (*La trahison des clercs*, 1927, erw. 1946) die Mitglieder der intellektuellen und künstlerischen Elite der Kapitulation vor einem obskuren „»Geist der Geschichte«“. Aus dem allzu menschlichen „Wunsch, »das Schicksal auf der eigenen Seite zu haben«“, hätten sie den „politischen Leidenschaften“ durch wissenschaftlich verbrämte Ideologien (wie „Antisemitismus, Pangermanismus, französischer Monarchismus und Sozialismus“) und parteiische Werke Vorschub geleistet, während es ihre Pflicht gewesen wäre, die „Passionen des Laienpublikums zu zügeln.“[41] Benda bestätigt

---

39   Bergson, *Materie und Gedächtnis und andere Schriften*, 279, 439f
40   Julien Benda (1867–1956), französischer Schriftsteller und Philosoph
41   Benda, *Der Verrat der Intellektuellen*, 103, 129f 132

damit auch Schopenhauers Beobachtung, die Universitätsprofessoren (namentlich Hegelscher Prägung) seien zu Werkzeugen profaner Interessen geworden. [42]

Die Ursache des europäischen Kulturbruchs bestünde demzufolge darin, dass bereits im 19. Jahrhundert an die Stelle der kulturübergreifenden geistigen Tradition kulturimmanente oder auf bestimmte partikuläre Interessen zugeschnittene Ideologien gesetzt wurden. Und eben die Institutionalisierung des Geistes in einer (pseudo-)humanistischen Konsens-Kultur, die sich ihrer selbst allzu sicher war, könnte dazu verleitet haben. Bezeichnenderweise fanden ja auch gerade eigenständige Denker wie Schopenhauer und Nietzsche im Universitätsbetrieb ihrer Zeit keinen Platz. Das für den Erhalt der Rationalität konstitutive Fortschreiben der geistigen Tradition kann aber nur von solchen autonomen Individuen geleistet werden. Dazu ist es nötig, dass sie ihre persönliche Erfahrung, sachgemäß abstrahiert, in die geistige Überlieferung einbringen, so dass diese weiterhin zur allgemeinen Orientierung taugt. Derart würden sie zum Erhalt der kulturellen Evolution – also der menschlichen Lebensform – beitragen, und ihr Verhalten könnte als transzendentale Bedingung der menschlichen Freiheit gelten (vgl. S. 23). Ein aktuelles Beispiel hierfür ist Kertész, der als Autor seine Individualität gegen eine totalitäre Gesellschaft verteidigt und den von ihm sogenannten »Geist der Erzählung« [43] – oder: die „große, fließende Erzählung vom Menschen" [44] – gegenüber dem »Geist der Geschichte« in Anschlag gebracht hat. Diesbezüglich äußert er in dem Vortrag *Das glücklose Jahrhundert* (Hamburg, 1995) in Anschluss an Thomas Mann: „Für mich ist das einzig wirklich Spezifische dieser Geschichte, dass sie *meine Geschichte* ist, dass sie *mir* passiert ist. Und vor allem, dass ich über die Bewertung des von mir Erlebten frei entscheiden kann: Es steht mir frei, es nicht zu begreifen, es steht mir frei, es als moralisches Urteil, als Ressentiment auf andere zu projizieren oder es umgekehrt zu rechtfertigen – doch es steht mir auch

---

42 Siehe etwa Schopenhauer, *Parerga und Paralipomena* I, *Über die Universitäts-Philosophie*, in: *Werke* IV, 159-221; *Die Welt als Wille und Vorstellung* II, Kap. 38 - *Über Geschichte*, in: *Werke* II, 503-505 (zur Hegelschen Geschichtsphilosophie).

43 Kertész verwendet den Ausdruck „*Geist der Erzählung*" erstmals in dem Vortrag *Die Unvergänglichkeit der Lager* (Budapest, 1990). Dabei bemerkt er, diese Formel habe er von „Thomas Mann" entlehnt. (*Die exilierte Sprache*, 44) Vgl. Th. Mann, *Die Kunst des Romans* (Vortrag an der Universität Princeton, 1940), in: *Das essayistische Werk, Schriften und Reden zu Literatur, Kunst und Philosophie* II, 350f.

44 Kertész, *Galeerentagebuch*, Ende 1979/ Anfang 1980, 92

frei, es zu begreifen, darüber erschüttert zu sein und in dieser Erschütterung meine Befreiung zu suchen, es also zur Erfahrung zu verdichten, zu Wissen zu formen und dieses Wissen zum Inhalt meines weiteren Lebens zu machen.[45]"[46] In seinem ersten öffentlichen Vortrag *Die Unvergänglichkeit der Lager* von 1990 formuliert er noch allgemeiner, „Auschwitz" habe die für unsere Zeit bedeutsamste „Erschütterung des Geistes" ausgelöst und sei als ein neuer „Mythos" in den „Geschichtsfundus" des „europäischen Bewusstsein[s]" eingegangen.[47] Bald darauf erkannte er jedoch, dass Auschwitz keineswegs „die ganze christliche Kultur erschüttert hat",[48] und dass in dieser Kultur vielmehr die „Abwehr der historischen Erfahrung des [Kultur-]Bruchs"[49] überwiegt.[50] Somit scheint die auf der persönlichen Erfahrung gründende Freiheit nach wie vor nur für wenige Menschen ein gültiger Wert zu sein. Offenbar ist es aber auch unter solchen Bedingungen möglich, als Individuum ein im anspruchsvollen Verständnis freies Leben zu führen.

---

45 Nach Th. Mann, *Betrachtungen eines Unpolitischen* (1918), Kap. *Einiges über Menschlichkeit*, in: *Das essayistische Werk, Politische Schriften und Reden* I, 348f

46 Kertész, *Die exilierte Sprache*, 118

47 Ebd., 44f

48 Kertész erklärt in dem Gespräch *Das Geheimnis der Diktatur* mit Stephan Speicher: „Wenn wir geglaubt haben, dass ein Ereignis wie Auschwitz die ganze christliche Kultur erschüttert hat und erschüttern musste, wenn wir geglaubt haben, dass aus diesem Bewusstsein eine neue Moral entsteht, wie ich es Ende der Achtzigerjahre wirklich geglaubt habe, dann muss ich sagen, ich habe mich geirrt. Ich muss es zurückziehen." (*Berliner Zeitung*, 6.11.2004) In dem Vortrag *Der Holocaust als Kultur* (Jean-Améry-Symposium, Wien, 1992) bezeichnet er diese Frage noch als offen: „Kann der Holocaust Werte schaffen? Meiner Meinung nach ist der seit Jahrzehnten vor sich gehende Prozess, in dessen Verlauf der Holocaust zunächst verdrängt und dann dokumentiert worden ist, zur Zeit eben bei dieser Frage angelangt, er ringt mit ihr. Das reicht jedoch noch nicht, es muss, wie gesagt, eine Entscheidung getroffen werden, und das bedeutet ein Werturteil. Wer nicht fähig ist, seiner Vergangenheit in die Augen zu sehen, ist dazu verurteilt, sie ewig zu wiederholen [...]." (*Die exilierte Sprache*, 88) Seine oben zitierten Aussagen aus dem Vortrag *Das glücklose Jahrhundert* von 1995 deuten aber bereits darauf hin, dass er nicht mehr an das Entstehen allgemeinverbindlicher neuer Werte glaubte.

49 Kertész, *Das glücklose Jahrhundert*, in: *Die exilierte Sprache*, 124

50 Etwa notiert Kertész 1998 im Tagebuch: „Ich muss [... zum Thema Auschwitz] noch anfügen, dass der sogenannte Papst[*] gerade jetzt (unter dem fadenscheinigen Vorwand der Entschuldigung) die Bemerkung gemacht hat, die Shoah (Auschwitz; die Endlösung) sei nicht die Tat des Christentums [...]. Er hat nicht bemerkt, dass er das Christentum damit zum toten Mythos erklärt. Das Christentum galt mithin von Christi Geburt bis 1933, dann verschwand es und setzte sich von 1945 an fort. Demzufolge gibt es nichts, weswegen die Christen Buße tun müssten. [...] damit haben sie sich der lebendigsten Quelle für die Möglichkeit zur Erneuerung beraubt." (*Der Betrachter*, 175)
   * Johannes Paul II/ Karol Józef Wojtyła (1920–2005), Papst seit 16. Oktober 1978

IV Individuelle Freiheit

Die verschiedenen Formen des kausalen Wirkens (vgl. S. 27 f), deren Vorhandensein die Bedingung für Rationalität (Berechenbarkeit) und damit auch für ein freies, verantwortliches Handeln ist, müssen aktiv hergestellt werden. Dabei ist nicht a priori klar, dass auf eine bestimme Aktion hin eine signifikante Systemantwort erfolgen wird. Bereits die Physik, deren Gegenstand das Verhalten unveränderlicher Elementarteilchen ist, steht vor der schwierigen Aufgabe, die richtigen experimentellen und theoretischen Ansätze zu finden, um überhaupt reproduzierbare Phänomene zu erhalten. Menschliche Gesellschaftssysteme haben darüber hinaus die Eigenschaft, dass sie sich permanent transformieren, und es ist möglich, dass sie im Fall eines kulturellen Umbruchs auf traditionell bewährte Handlungsweisen keine berechenbare Antwort mehr geben.

Um unter der Bedingung der kulturellen Evolution die Rationalität des gesellschaftlichen Systems zu erhalten, erscheint zunächst eine kontinuierliche politische Reorganisation notwendig. Hierzu hat Dewey[1] in *Die Öffentlichkeit und ihre Probleme* (1927, erw. 1946) eine heute noch aktuelle Theorie des liberalen demokratischen Staats vorgelegt. Laut Dewey machen es der technologische Fortschritt und die damit einhergehenden ökonomischen Veränderungen erforderlich, dass die von ihren Folgen (vor allem auch indirekt) Betroffenen, aus denen die politische »Öffentlichkeit« besteht, sich immer wieder neu organisieren. Nur derart organisierte Öffentlichkeiten – oder »Staaten« – seien dazu in der Lage, einen nachhaltigen Einfluss auf die menschlichen Lebensbedingungen zu nehmen. Diese politische Theorie wird den Verhältnissen der Moderne insbesondere dadurch gerecht, dass sie ein arbeitsteiliges Engagement der gesamten Öffentlichkeit vorsieht, während sie etwa eine reine Expertenherrschaft ausschließt.

Neben der politischen Reorganisation bedarf es ferner einer beständigen geistigen Erneuerung, durch welche die für die kulturelle Evolution konstitutive Rolle der rationalen Person den Zeitumständen angepasst und in aktualisierter Form weiter tradiert wird (vgl. S. 24 f). Wie schon Nietzsche Ende des 19. Jahrhunderts bemerkt hat, kann andernfalls leicht eine nihilistische Mentalität entstehen, indem traumatisierte Individuen

---

1   John Dewey (1859–1952), amerikanischer Philosoph, Mitbegründer des klassischen Pragmatismus (neben Peirce u. a.)

vor der „Realität des Werdens" kapitulieren und überhaupt keine Möglichkeit mehr sehen, eine persönliche Verantwortung wahrzunehmen.[2] Jene geistige Aktivität schafft somit auch die Voraussetzung für ein rationales Verhalten im politischen Kontext. In erster Linie trägt sie aber zur Bewahrung universeller Werte bei, deren Bedeutung über das rein Politische hinausreicht. Konkret erbracht wird diese Leistung in der modernen Gesellschaft nicht mehr von großen Führerpersönlichkeiten oder religiösen[3] Institutionen, sondern von einer Vielzahl (im weitesten Sinne) philosophischer und künstlerischer Autoren. Allerdings unterliegen gerade sie zunehmend einer Marginalisierung, wenn nicht sogar einer Verfolgung, und die Geschichte scheint mittlerweile weniger von solchen wertorientierten Personen bestimmt zu werden als von einem Massenmenschen, der alle traditionellen Bindungen verloren hat.

Angesichts der zu Beginn des 20. Jahrhunderts entstandenen Totalitarismen hat Broch die Gestimmtheit des „seelisch[]" und „ethisch[]" verunsicherten Massenmenschen als eine latente, „noch nicht ausgesprochene Panik" charakterisiert. So zeige dieser Menschentyp Symptome wie „die Herabminderung der rationalen Urteilskraft, die völlige Gleichgültigkeit gegenüber allen Lebenswerten" und „die Bereitwilligkeit, sich jedem starken Führerwillen unterzuordnen", auch ohne dass bereits eine reale Ausnahmesituation besteht. Tatsächlich würden Krisen dadurch erst herbeigeführt: „es ist ein Zustand, der allen Revolutionen, den geglückten und den niedergeschlagenen, vorausgeht. [/] Für den Zusammenbruch der europäischen Demokratien war es daher weniger ausschlaggebend, dass sie die ökonomischen Übel bloß mangelhaft zu beseitigen vermochten; weit ausschlaggebender war ihre Unfähigkeit, den psychologischen Aspekt des Sachverhaltes zu erkennen; selber rationale Gebilde, wandten sie sich an eine nicht mehr vorhandene Ratio und Urteilsfähigkeit, wandten sie sich an den nicht mehr vorhandenen Willen der Massen, und mussten also ohne Respons von diesen bleiben. [/] Die Diktaturen hingegen haben den eminent psychologischen Inhalt der Frage erkannt; sie haben erkannt, dass die rationalen und materialen Lösungen hinter den seelischen zurückstehen dürfen, dass sie mit Versprechungen (selbst mit unerfüllbaren) überbrückt werden können, dass aber vor allem die ethische Unsicherheit der Massen, sollen diese zur Gefolgschaft gebracht

---

2   Siehe das Zitat aus Nietzsche, *Nachlass der Achtzigerjahre*, oben S. 15.

3   Nach lat. *religare* = anbinden, befestigen oder lat. *relegere* = wiederholen, wieder lesen

werden, [durch neue, ggf. mit Hilfe von Terror durchgesetzte Normen] beseitigt werden müsse".[4] Die derart manipulierte Masse, die sich gleichsam in einem „DÄMMERZUSTAND" befinde und *zu freien Willensentscheidungen weitgehend unfähig* geworden sei, verhalte sich aber gemäß deterministischen *„historischen Gesetzen"*. Und im Verlauf der hiervon geprägten Geschichte seien die wenigen rationalen Individuen, die einst für den „Fortschritt der Zivilisation und der technischen Weltbewältigung" gesorgt hätten, von den „»Barbaren«" regelrecht „überrannt" worden.[5] Übereinstimmend mit Broch unterstellt auch Jaspers der „Mehrzahl der Menschen" einen *„Unterwerfungsdrang"*, der sie dazu veranlasse, ihre persönliche Verantwortung ohne Not aufgeben: „Es ist ein Drang in ihnen, selbst wenn sie in Freiheit geboren und aufgewachsen sind und Freiheit als Menschenwürde gilt, die Autorität zu finden, die ihnen die Freiheit abnimmt, damit sie in gedankenloser Ruhe leben können, aber unter der Bedingung, gerade dieses ihr Tun frei zu nennen. Das aber ist nur möglich, wenn dem Menschen im Hingeben seiner Freiheit zugleich gesagt wird, wofür er lebt. […] Was das ist, muss ein Geheimnis bleiben (sonst würde er wieder frei sein müssen), aber ein geglaubtes (sonst würde es nicht wirken)." Damit werde das „Volk" zur „Masse", und an die Stelle des „Glück[s]" einer verantwortlichen Existenz trete ein „stets glücklose[r] Lebensdrang", eine „stumpfe oder rauschhafte, schlechthin vergängliche Befriedigung des Daseins".[6] Desgleichen erkennt Arendt, dass die modernen Massenmenschen „ihren fünf Sinnen misstrauen" und sich sogar mit „frei erfundene[n]" „Ideologien" zufrieden geben, sofern diese nur als geschlossene, „logisch unantastbare[] Systeme" präsentiert werden.[7] Dabei litten sie gewissermaßen an einer „Sucht nach Anonymität, nach reinem Funktionieren, nach Aufgehen in einem sogenannten größeren Ganzen", und sie seien bereit zu „jegliche[r] Verwandlung, die dazu helfen könnte, die eigene, unechte Identität mit bestimmten Rollen und vorgegebenen Funktionen in der Gesellschaft auszulöschen."[8]

---

4   Broch, *Theorie der Demokratie (1938–1939)* (1941), in: *Werke*. XI, 76f
5   Broch, *Massenwahntheorie*, I. 2 (ca. 1943), in: *Werke* XII, 111, 124f
6   Jaspers, *Von der Wahrheit* (Bd. I von *Philosophische Logik*, 1947), 772f; ähnlich in: *Vom Ursprung und Ziel der Geschichte* (1949), Kap. II.2 - *Die gegenwärtige Situation der Welt*, 162-179
7   Arendt, *Elemente und Ursprünge totaler Herrschaft*, Kap. 11 - *Die totalitäre Bewegung/ Totalitäre Propaganda*, 522f
8   Ebd., Kap. 10 - *Der Untergang der Klassengesellschaft/ Das zeitweilige Bündnis zwischen Mob und Elite*, 493

Mit Adler[9] könnte man als Ursache dessen ein Minderwertigkeitsgefühl vermuten, das von der Leugnung der unbedingten individuellen Würde herrührt und das durch die ersatzweise Identifizierung mit äußeren Strukturen naturgemäß nicht zu kompensieren ist. Diesbezüglich erklärt Adler in einem Aufsatz von 1934, „Massenbewegungen" beruhten auf „einer Massenpsyche, die dem Einzelnen und der Masse ein höheres Wertgefühl vorspiegelte, sie dem Gefühl der Wertlosigkeit zu entreißen schien und regelmäßig ihr Wertgefühl aus der Wertlosigkeit anderer bezog, zu der sie diese andern verdammen wollte." Um die politische Funktionalisierung der Masse zu beenden, schlägt er vor: „Wer also unrichtige Massenbewegungen zum Stillstand bringen will, muss imstande sein, klar nachzuweisen, dass das Gefühl der Wertlosigkeit nur auf einem anderen Weg behoben werden kann."[10]

Die weitere historische Entwicklung hat freilich gezeigt, dass die Massenbewegungen keineswegs aufgehalten werden konnten. So fasst dann auch Alfred Weber[11] in einer Publikation von 1950 das Entstehen der Massengesellschaft als Anzeichen eines Kulturbruchs auf, bei dem ein neuer „vierter Menschentyp" den bis zuletzt noch vorherrschenden traditionsgebundenen Menschen ablöst.[12] Und schon 1935 prophezeit er (u. a. mit Bezug auf Ortegas Essay *Der Aufstand der Massen* von 1930): „Über die ganze Erde hin muss ein geistig vereinfachtes Zeitalter anbrechen, das aber doch keine Möglichkeit einer neuen Offenbarungsreligion, keine einer neuen allgemeinverbindlichen Philosophie in sich zu tragen scheint. Denn *so* weit ist auch die Bewusstseinsentwicklung der Massen, dass sie, grob und allgemein gesprochen, in ihrer großen Menge an Magie und Mythologie im *alten* Sinne nicht mehr glauben können, wie sie sich keiner neuen Intellektuellenmetaphysik, und wohl keiner neuen Offenbarungsreligion mehr beugen werden. Gerade so weit hat sie die bisherige Geschichte gebracht."[13] Auf die globale Dimension dieses Problems hat gleichfalls Jaspers Anfang der 50er Jahre hingewiesen: „Die Geschichte des Abendlandes zeigt nur einzelne Lichtinseln versuchter Freiheit. Die meisten Versuche sind gescheitert. [...] Mehr noch als in der bisherigen

---

9   Alfred Adler (1870–1937), Begründer der Individualpsychologie, Schüler von Freud

10 Adler, *Zur Massenpsychologie* (1934), in: *Studienausgabe* VII, 190f

11 Alfred Weber (1868–1958), Soziologe, Bruder des Soziologen Max Weber (1864–1920)

12 Weber, *Kulturgeschichte als Kultursoziologie* (1935, erw. 1950), Kap. 8 - *Zur Gegenwartslage. Kommt der Vierte Mensch?* (1950), 446

13 Ebd., Kap. 7 - *Die Moderne* (enthalten in der ersten Auflage von 1935), 445

Geschichte scheint Freiheit heute unmöglich zu werden in der Vermassung durch die technische Welt. [... /] Denken wir schließlich nicht nur an uns Abendländer, sondern an die Milliarden Menschen, die den Erdball bevölkern und die Träger der kommenden Geschichte sind! Diese Menschen sehr verschiedener Art und Herkunft haben in ihrer Vergangenheit niemals Freiheit gekannt – im Unterschied zu den seltenen Augenblicken und Orten des Abendlandes. Sie sind heute ohne Ausnahme in den Strudel der modernen Technik und ihrer Folgen hineingerissen worden. Dem Blick auf diese Milliarden stellt sich die bange Frage: wie sollen diese Milliarden für ein Dasein in Freiheit geneigt sein? Sie wollen gehorchen im blinden Glauben.[14]"[15] „Der Totalitarismus [...] täuscht alle und schmilzt sie ein in die Apparatur seiner Macht. Nicht der Kommunismus, sondern der Totalitarismus in ihm, der sich seiner bemächtigt hat, ist auf der ganzen Erde wie der mythische Blick der Schlange, der erstarren macht, um den Erstarrten zu fressen. Er macht alle Ansprüche der Empörten, der Unzufriedenen, der Hungernden, der Trägen, der Hassenden sich zunutze. Er verbindet sich mit dem Aufstand der farbigen Rassen gegen die Weißen, mit dem Nationalismus gegen die Fremden, mit den vorweltlichen, reaktionären Konservatismen (von den Naturvölkern bis zu den Typen der Kleinbürger), mit jedem Mob, mit jeder Hoffnungslosigkeit der sich unterdrückt Wissenden, sogar mit dem Hass gegen die moderne Technik. [...] Alles haltlose Menschsein, seiner selbst und seiner Freiheit nicht mehr oder noch nicht bewusst, das in festgefahrenen Lebensformen blind sich zu behaupten drängt, verfällt als Material dieser Maschinerie, in der alle alles verlieren, was sie zu bewahren oder zu gewinnen gedachten. Die Kräfte, die keine aufbauenden Kräfte mehr sind, sind

---

14 Dieses Argument wird auch nicht entkräftet durch den Hinweis auf überkommene Klischees, die das westliche Denken u. U. immer noch bestimmen. In letzterem Sinne warnt etwa der Historiker Harald Fischer-Tiné in *Dekolonisation im 20. Jahrhundert* (2016) davor, „die koloniale Unterscheidung zwischen »Zivilisierten« und »Unzivilisierten« Völkern oder Nationen" gedankenlos „durch eine inhaltlich ganz ähnlich gelagerte Dichotomie zwischen »Entwickelten« und »Unterentwickelten«" zu ersetzen. (Bundeszentrale für politische Bildung, WWW) Tatsächlich droht diese Ermahnung zur Political Correctness Jaspers' differenzierte und sachlich begründete Aussage a priori zu diskreditieren. Und wie Jaspers schon 1953 in dem Radiovortrag *Die Aufgabe der Philosophie in der Gegenwart* bemerkt hat, bringt eine solche „Anmaßung einer Zensur" respektive ein solcher „Abbruch der Kommunikation" jeden wissenschaftlichen Diskurs zum erliegen. (*Philosophie und Welt*, 15 f)

15 Jaspers, *Über Gefahren und Chancen der Freiheit* (1950), in: *Rechenschaft und Ausblick*, 294 f

mit ihren morschen Fassaden als Mächte der Zerstörung nutzbar. Darum scheint den Totalitarismen gemeinsam außer der Form ihrer Apparatur nur der eine Gegner: die Freiheit selber, d. h. die Wahrheit, die Universitäten als Stätten freier Forschung, die ins Neue vorstoßende Kunst und Literatur, alles Versuchende, im Wettkampf des Geistes zur Reife Gelangende, von niemandem Geführte des freien Menschenwesens selber."[16] Entsprechend Jaspers' pessimistischer Einschätzung führte die nach 1945 einsetzende Dekolonisation in Asien und Afrika, an der das Ringen der USA und der Sowjetunion um geostrategischen Einfluss einen wesentlichen Anteil hatte, in vielen Fällen zu keiner wirklichen Befreiung. Hierzu schreibt Améry (der Jaspers wegen seines unbestechlichen intellektuellen Engagements übrigens sehr schätzte[17]) in seinem letzten Essay *In den Wind gesprochen* (1978, veröffentl. 1979[18])[19] desillusioniert: „Ich erinnere mich, wie ich mit inständiger Zustimmung Sartres[20] Vorwort zu Fanons Buch »*Die Verdammten dieser Erde*«[21] las. Darin hieß es, wenn ein Kolonisierter einen Kolonisator erschlägt, stürben gleich zwei: »der Unterdrücker und der Unterdrückte«. Ich glaubte dem Meister aufs Wort. [… aber:] Diktaturen entstanden, theokratische Fanatismen brachen auf, namenloses Elend suchte die befreiten Völker heim, das – und hier denke ich an Kambodscha, aber auch an Uganda – weit schlimmer war als die kolonialistische Unterdrückung.[22]" An selber Stelle weist Améry ferner auf das „realitätsfremde[] Theoretisieren" (namentlich linker Intellektueller) in den westlichen Ländern hin, das seiner Meinung nach den Bestand der freiheitlichen Kultur gefährdet. Dem setzt er die reflektierte und in ihrer Geltung angemessen relativierte Mitteilung der persönlichen Erfahrung entgegen: „Es geht um die, die nach uns kommen. Denen können

---

16 Jaspers, *Im Kampf mit dem Totalitarismus* (1954), in: *Philosophie und Welt*, 86f
17 Améry, *Geburt der Gegenwart*, Kap. *Im Schatten des Dritten Reiches: Deutsches Dichten und Denken in den fünfziger Jahren*, 197f; auch in: *Werke* II, 582-584
18 In: Eggebrecht (Hrsg.), *Die zornigen alten Männer* (1979)
19 Améry beging am 17. Oktober 1978 Selbstmord.
20 Jean-Paul Sartre (1905–1980), französischer Philosoph
21 Frantz Fanon (1925–1961), *Les damés de la terre* (1961)
22 Vgl. Améry, *Die Geburt des Menschen aus dem Geiste der Violenz. Der Revolutionär Frantz Fanon* (1968). Schon dort steht: „Auch hat Fanon trotz seiner brillanten Analyse des Neokolonialismus und des Versagens der nationalen Eliten der Dritten Welt denn doch nicht vorausgesehen, *wie* tragisch oder sogar nur kläglich hinreißende revolutionäre Bewegungen verebben und wie der kaum erst aus dem Geist der Violenz geborene Mensch sich wieder seiner Würde begeben und unter eine Diktatur ducken kann." (*Werke* VII, 448)

wir nicht unsere Erfahrung vermitteln. Jedoch, wir können dank eben dieser Erfahrung, unter der Voraussetzung, dass wir sie rational verarbeitet haben, ihnen ein paar Ratschläge erteilen. Dazu sind wir imstande, wenn wir unseren Zorn bändigen (was nicht heißt: ihn ersticken!). […] Im Augenblick, wo wir öffentlich hinaustreten vor die jüngeren Generationen, muss er schon verwandelt sein in radikale Vernunft. Vermag er diesen Prozess nicht durchzumachen, wird er verrauchen, und nichts wird sein als ein stickiger Geruch von gestern und vorgestern."[23] Damit hat Améry als Autor ein mustergültiges Beispiel gegeben, obwohl er sich wohl dessen bewusst war, dass dies in einer ideologisierten Zeit wie der seinen ohne nennenswerte Resonanz bleiben wird. Es scheint also, als habe ihn gerade die Aussichtslosigkeit seiner kulturellen Bestrebungen zu einer transzendenten Lebensansicht[24] geführt, die – langfristig gesehen – einen Ausweg aus den verhängnisvollen Machtkämpfen ideologisierter Parteien darstellt und es einem Einzelnen erlaubt, trotz einer schwachen, isolierten Position (auch noch posthum) einen geistigen Einfluss auszuüben.

Oft ziehen freilich eben solche Ausnahmeexistenzen, die gewissermaßen die sozialen Mechanismen außer Kraft setzen, die „Wut der Macht"[25] – oder, nach dem siegreichen »Aufstand der Massen«: die Wut der Mehrheitsgesellschaft[26] – auf sich, da sie deren Grenzen erkennen lassen. Aber nur nach ihrem Vorbild kann – als Grundlage einer freien Existenz – eine geistige Atmosphäre geschaffen werden. Hierbei ist nicht notwendig die Allgemeinheit involviert, denn die geistige Tradition lässt sich im Prinzip von wenigen Individuen fortführen, auch wenn sie ihre gesellschaftliche

---

23 Améry, *Werke* VII, 584, 586, 600
24 Nach Schopenhauer, *Parerga und Paralipomena*; siehe das Zitat oben S. 24, Anm.
25 Kertész notiert Anfang 1990 im Tagebuch: „Was ist Macht? Eigentlich, wirklich? Ausdruck der Nichtigkeit und Nichtswürdigkeit des Menschen. Die Wut der Macht, die Leidenschaft des Wütens, das zerstörerische und selbstzerstörerische ungezügelte Verhalten dieser Leidenschaft gegenüber der Ratio, gegenüber individueller Nonkonformität, überhaupt gegenüber dem *Individuellen als dem Ungehorsamen*. Dieses Wüten als Staatsform, diese Staatsform als Lebensform. Und die Solidarität – die Liebe – unter diesen Umständen als Subkultur. […] Anders gesagt: Revolte, die einzig gottgefällige Art der Revolte." (*Galeerentagebuch*, 269)
26 Diesbezüglich bemerkt etwa Marcel Duchamp (1887–1968): „Die Massen sind unerziehbar[.] Sie verabscheuen uns und würden uns gerne töten. Es sind die Dummköpfe, die sich gegen die freien, erfinderischen Individuen verschwören und damit das verfestigen, was sie Realität nennen […]. Aber die ganze Anstrengung der Zukunft wird es sein, gegen das, was jetzt passiert, das Schweigen, die Langsamkeit und die Einsamkeit zu erfinden. Heute verfolgt man uns …" (Gespräch mit Denis de Rougement, Lake George, New York, 3.–9. August 1945; zitiert nach: *Interviews und Statements*, 30)

Geltung verloren haben sollte. In diesem Sinne stilisiert sich etwa Hans Sahl[27] 1990 als »Überlebender in einer sterbenden Kultur«[28], wie zeitgleich ähnlich auch Kertész[29].

Tatsächlich ist es sogar eine spezifische Eigenschaft des geistigen Prozesses, dass er keine unmittelbare Wirkung auf die Gesellschaft ausübt und im Wesentlichen unabhängig vom Fortschritt der allgemeinen Kultur verläuft (vgl. S. 59f). Schon Goethe ging (in seinen späten Jahren) davon aus, dass seine Werke, die er ohne falsche Bescheidenheit der „Weltliteratur" zurechnete,[30] „nicht popular werden" können. So bekennt er im Gespräch mit Eckermann, er schreibe seine „Sachen" ohnehin „nicht

---

27 Hans Sahl (1902–1993), deutscher Exilautor in den USA. Er lebte von 1953 bis 1958 vorübergehend wieder in Deutschland und kehrte 1989 endgültig dorthin zurück.

28 Sahl schreibt am Schluss seines zweiten Memoirenbandes *Das Exil im Exil* (1990): „dieses Buch ist ein Wettlauf, ein Wettlauf mit einer sterbenden Kultur, die schon längst am Wege verendete, die ich überlebte, statt von ihr überlebt zu werden, wie es sich für eine anständige Kultur gehört hätte". (*Memoiren…*, 392) Ebenso erscheint bereits in Sahls autobiographisch motiviertem Roman *Die Wenigen und die Vielen. Roman einer Zeit* (1959) der Protagonist Kobbe als ein „unbekannte[r] Einzelgänger zwischen den Zeiten", der sich dafür eingesetzt habe, „dass gewisse Ideen nicht ausstarben". Dabei sei er durchaus an seiner Gegenwart interessiert gewesen: „Er interessierte sich *nur* für die Zeit. Er war ihr gequältes Gewissen, das leidende, warnende Ich, immer im Begriff, unterzugehen, zerrieben zu werden zwischen den Mächten, aber immer, noch im Untergang, Zeugnis ablegend, darstellend, protestierend, immer erfüllt von jener Besorgnis um die Zeit, die sich in jedem Augenblick mit der ganzen Menschheit identifiziert […]." (278) Sahl spricht der Kunst also die Funktion zu, „gewisse Ideen" zu tradieren. Wie er auch in einem Interview von 1992 erläutert, ist sie für ihn kein Selbstzweck. So schreibe er nicht „um des Schreibens willen" und interessiere sich nicht für eine „Kunst im leeren Raum": „Ich fing an zu schreiben […] als eine Art von illegaler Untergrundtätigkeit gegen meine bürgerliche Umgebung, aber auch, um mir Klarheit zu verschaffen, um meine Identität zu definieren und um meine Stellung zur Zeit und die Zeit selbst zu definieren". (Interview von David Dambitsch, Tübingen, 1992, in: Dambitsch, *Im Schatten der Shoah*, 180)

29 In Kertész' Roman *Kaddisch für ein nicht geborenes Kind* (1990) charakterisiert der Schriftsteller und Auschwitz-Überlebende B., der als Alter Ego Kertész' aufgefasst werden kann, die von ihm angestrebte *„geistige Existenzform"* als: „Existenzform des Überlebens, die ein gewisses [naturalistisches] Überleben nicht mehr überlebt, nicht überleben will, ja wahrscheinlich auch nicht überleben kann, die trotzdem […] fordert, dass sie *gestaltet* werde, wie ein abgerundeter, glasharter Gegenstand […] damit sie schließlich [als schriftlich überlieferte Lebenserfahrung] so fortbestehe, egal: wozu, egal: für wen – *für alle und keinen*[*]". Sein reales „Leben" werde er hingegen letztlich „auslöschen und liquidieren". (155f) Entsprechend erklärt Kertész in dem Interview *Lieber sich allem verweigern als eine Marionette sein* von Marko Martin: „Indem ich schreibe, lebe ich, […]. Das ist meine Art des Lebens, des Überlebens." (*MUT* 425, Januar 2003, 54f)
   * Nach Nietzsche, *Also sprach Zarathustra. Ein Buch für Alle und Keinen* (1883–1885)

30 Goethe im Gespräch mit Eckermann, 31. Januar 1827, in: *Gedenkausgabe* XXIV, 229

für die Masse", „sondern nur für einzelne Menschen, die etwas ähnliches wollen und suchen".[31] Und im Tagebuch kritisiert er eine „Anzeige von deutscher Literatur" im „Globe[[32]]", die ihm „zu eig[e]nen Betrachtungen Anlass" gegeben habe: „Hier ist nämlich nur vom augenblicklich Wirkenden die Rede, vom fortdauernd Wirksamen nicht; deswegen sieht die deutsche Literatur viel magerer aus als sie ist, und auf diesem Wege erfahren die fremden Nationen nur das Geringste von uns."[33] Übereinstimmend hiermit weist ebenfalls noch Hofmannsthal[34] in *Der Dichter und diese Zeit* (1907) darauf hin, dass der moderne Autor „unerkannt[[35]]" unter seinen Zeitgenossen lebt: „Seltsam wohnt er im Haus der Zeit, unter der Stiege [wie der Heilige Alexius von Edessa], wo alle an ihm vorüber müssen und keiner ihn achtet. […] Dort haust er und hört und sieht seine Frau und seine Brüder und seine Kinder, wie sie die Treppe auf und nieder steigen, wie sie von ihm als einem Verschwundenen, wohl gar einem Toten sprechen und um ihn trauern. Aber ihm ist auferlegt, sich nicht zu erkennen zu geben, […]."[36] Offenbar fiel es ihm im Vergleich zu Goethe aber deutlich schwerer, sich mit diesem Umstand abzufinden. Broch hat die zitierten Aussagen Hofmannsthals dahingehend gedeutet, dass insbesondere die bürgerliche Klasse sich dem Künstler gegenüber bloß als „zuschauendes Publikum" verhält, ihn aber nicht als Mitglied der „staats- und gesellschaftserhaltende[n] Gruppe" anerkennt: „Denn gerade als Mittelklasse (und infolge ihrer spezifischen und anderen ökonomischen Bedingtheiten) ist die bürgerliche die sprödeste gegenüber jedem Fremdkörper, und alles was sich ihr nicht völlig angleicht, beispielsweise der herabgekommene Adlige und ebenso der Parvenü, oder gar was niemals zur völligen Angleichung gelangen kann, wie etwa der Künstler oder der Jude, dem wird unweigerlich der Zutritt verwehrt." Allenfalls gestehe die noch rudimentär bestehende „Aristokratie" dem Künstler eine gewisse „Gastrolle" zu. Seine geistige Funktion werde hiervon jedoch in keiner

---

31 Goethe im Gespräch mit Eckermann, 11. Oktober 1828, ebd., 294f
32 *Le Globe. Journal philosophique et littéraire*, Zeitschrift der französischen Romantiker in Paris, seit 1824 herausgegeben von Pierre Leroux und Paul Dubois
33 Goethe, *Tagebücher*, 16. Februar 1830, in: *Gedenkausgabe*, Ergänzungsband II, 523
34 Hugo von Hofmannsthal (1874–1929), österreichischer Schriftsteller und Dramatiker, Mitbegründer der Salzburger Festspiele
35 Ebenso formuliert zuvor Shelley* in *A Defence of Poetry* (posth. 1840): „Poets are the unacknowledged legislators of the world." (*Prose Works* II, 38)
    * Percy Bysshe Shelley (1792–1822), britischer Schriftsteller der Romantik
36 Hofmannsthal, *Prosa* II, 280

Weise berührt: „gleichgültig nämlich […] ob es überhaupt Stände gibt, die seine Zugesellung je gestatten würden, sein Leben vollzieht sich nicht in ihren festumrissenen Räumen, sondern im Symbol- und Sprachraum des Volkes, aus dem des Volkes Symbole und Sprache fortwährend geboren werden. Und gerade daraus ergibt sich die Pflicht, ergibt sich die Leistung des Dichters: mit der Hebung der Symbole zur Sprache, mit der Hebung der Sprache zum Symbol besorgt er das Geschäft des Volkes, verwurzelt er sich im eigentlichen Volk, auch wenn er von ihm nicht zur Kenntnis genommen wird."[37] In diesem Selbstverständnis stellt Hofmannsthal schließlich auch in der Rede *Das Schrifttum als geistiger Raum der Nation* (Universität München, 1927) eine von heroischen „Suchende[n][38]" vorbereitete „konservative Revolution" in Aussicht, die den Deutschen eine neue Orientierung ermöglichen solle: „Ihr Ziel ist Form, eine neue deutsche Wirklichkeit, an der die ganze Nation teilnehmen könne." Dabei unterlag er freilich der Illusion, die Gesellschaft ließe sich durch geistige Mittel unmittelbar beeinflussen. Zu Beginn seiner Rede erwähnt er zwar selbst den „unglückliche[n] Riss in unserem Volk zwischen Gebildeten und Ungebildeten", der einen Führungsanspruch der geistigen Elite grundsätzlich problematisch macht, und er erklärt, wesentlich besser als die „Literatur" könnten derzeit einfachere „Formen" des sprachlichen Ausdrucks (etwa „die Denkschrift, desgleichen auch die Anekdote, das Schlagwort, das politische oder geistige Glaubensbekenntnis, wie es das Zeitungsblatt bringt") „wirksam werden".[39] Aber gerade damit verkennt er den Charakter des geistigen Prozesses. Und nur wenig später errichteten in Deutschland die „Ungebildeten" eben unter Verwendung eingängiger Schlagworte und Glaubensbekenntnisse eine Diktatur, in der jeder ernsthaft „Suchende" ein in seiner Existenz bedrohter „Fremdkörper"

---

37   Broch, *Hofmannsthal und seine Zeit* (geschrieben 1947f, posth. veröffentl. 1955), Kap. II - *Aufbau und Behauptung einer Persönlichkeit inmitten des Vakuums*, in: Werke IX.1, 203f, 207f

38   Nach Nietzsche, *David Strauß. Der Bekenner und der Schriftsteller* (erste »Unzeitgemäße Betrachtung«, 1873): „Wie ist es nur möglich, dass ein solcher Typus, wie der des Bildungsphilisters, entstehen und, […], zu der Macht eines obersten Richters über alle deutschen Kulturprobleme heranwachsen konnte; wie ist dies möglich, nachdem an uns eine Reihe von großen heroischen Gestalten vorübergegangen ist, die in allen ihren Bewegungen, […] nur eins verrieten: *dass sie Suchende waren*, und dass sie eben das inbrünstig und mit ernster Beharrlichkeit suchten, was der Bildungsphilister zu besitzen wähnt: die echte, ursprüngliche deutsche Kultur." (*Werke* I, 143f)

39   Hofmannsthal, *Prosa* IV, 390f, 398, 413

war und als solcher bestenfalls „unerkannt" blieb. Kurioserweise vertrat damals ausgerechnet Benn[40], der sich anfangs offen zum Nationalsozialismus bekannte (wohl weil er in ihm eine „Entscheidung Europas gegen die Natur und für den Geist" sah[41]), es sei falsch, die Literatur „populärer und allgemeinverständlicher" zu machen. Vielmehr solle der „Staat" durch „Akademien, Hochschulen, Seminare" etc. das der Literatur eignende Moment der „Transzendenz" als allgemeinen Wert etablieren: „in *der* Richtung erblicke ich die Aufgabe und die Tiefe einer stärkeren Annäherung zwischen Volk und Dichtung, in dieser Richtung zu lehren die seelische Grundlegung einer dichterischen Volksgemeinschaft."[42] Indes erwies sich dieses Anliegen als illusorisch, wie schon Hofmannsthals Vorstellung einer geistig begründeten konservativen Revolution.

Benns Beharren auf der Transzendenz lässt sich auch noch aus heutiger Sicht verteidigen. Allerdings muss der Anspruch aufgegeben werden, sie als Zentralwert in der allgemeinen Kultur zu verankern. Bereits Worringer[43] bemerkt in *Künstlerische Zeitfragen* (1921), dass eine „geistige Kunst" in der modernen, säkularisierten Gesellschaft keine „soziologische [oder: soziale] Funktion" mehr erfüllen kann: „Die Kunst hat einmal im Text gestanden – mitten drin –, heute steht sie unwiderruflich am Rande, und alle gegenteiligen Behauptungen beruhen auf einer unbewussten Fiktion." Daraus schließt er: „Bejahen wir also ruhig die Kunst in diesem ihrem Randdaseinsstadium, nehmen wir die Künstler ruhig als Spezialisten eines heute nicht mehr lebensnotwendigen und reichsunmittelbaren Schöpfertums und schätzen wir sie unter dieser Einschränkung nicht weniger, aber tun wir ihnen nicht mehr das Unrecht an, ihnen die ganze Last überlebter Kunstideologien aufzubürden".[44] Dem wäre hinzuzufügen, dass die Künstler überhaupt erst wieder seit der Säkularisierung als schöpferische Autoren tätig sind, während sie zuvor lange Zeit nur als Handwerker bestimmte vorgegebene Inhalte (der allgemeinverbindlichen christlichen Lehre und daneben auch der antiken Mythologie) illustriert haben. Insofern zeichnet sich die moderne Gesellschaft dadurch aus, dass es in ihr keinen offiziellen Kult des Geistigen mehr gibt, dafür aber eine

---

40 Gottfried Benn (1886–1956), deutscher Arzt und Schriftsteller
41 Benn, *Lebensweg eines Intellektualisten* (1934), in: *Werke* III, 1922
42 Benn, Antwort auf die Umfrage *Das Volk und der Dichter* in *Deutsche Allgemeine Zeitung* Nr. 322 (30. Juli 1933), in: *Werke* III, 1705f
43 Wilhelm Worringer (1881–1965), deutscher Kunsthistoriker
44 Worringer, *Fragen und Gegenfragen*, 110, 115, 119f

von jeder kultischen Gemeinschaftsbindung befreite – also im eigentlichen Sinne geistige – Autorschaft[45].

Da solche Autoren kaum Unterstützung von ihren Zeitgenossen erfahren, bietet sich ihnen als Orientierungshilfe allein die geistige Tradition an. Wie schon Kant wusste, taugt diese ihrer Natur nach aber lediglich zur kreativen – also schwierigen und riskanten – „Nachfolge" und nicht zur – bequemeren – äußerlichen „Nachahmung".[46] Damit ist zum einem verständlich, dass die hergebrachten Konventionen oft ihre Gültigkeit behalten, und zum anderen, dass neue ideologische oder stilistische Gemeinschaften entstehen, die dem Einzelnen einen gewissen Schutz bieten. Und es ist verständlich, wenn diejenigen, die sich ernsthaft auf die neue Autorenrolle einlassen, zunächst scheitern und sich sozusagen nur stammelnd artikulieren. In Bezug hierauf sind auch viele der Einwände gerechtfertigt, die von konservativen Kritikern wie Sedlmayr[47] gegen die moderne Kunst vorgebracht wurden[48] (wobei namentlich Sedlmayr einzelne große Künstler wie Duchamp oder Grosz[49] falsch eingeschätzt hat). Wer gegenüber neuen Entwicklungen aufgeschlossen ist, wird in der Moderne jedoch weniger das Symptom eines geistigen Niedergangs als das eines problematischen Neubeginns sehen.

Der Widerstand der Gesellschaft gegen den modernen Individualismus lässt sich mit Adlers Minderwertigkeitstheorie[50] schlüssig erklären.

---

45 Kertész hat hierfür den Begriff der »atonalen« oder »exilierten« Sprache geprägt. In dieser Sprache komme die „Ungültigkeit von Übereinkunft" und „allgemein anerkannte[n] Konventionen" zur Geltung. (*Die exilierte Sprache*, Rede von 2000, in: *Die exilierte Sprache*, 206, 212; vgl. oben S. 58) Ebenso erklärt die französische Schriftstellerin Nathalie Sarraute (1900–1999) in einem Essay von 1964, der Künstler müsse sich mit seinem Dasein als „Fremdkörper" abfinden und die Aufgabe annehmen, „eine Welt der Konventionen zu zersprengen". (In: Jaspers et al., *Werden wir richtig informiert?*, 36)

46 KU, § 49, B 200

47 Hans Sedlmayr (1896–1984), österreichischer Kunsthistoriker

48 Sedlmayr, *Verlust der Mitte* (1948), *Über die Gefahren der modernen Kunst* (1950), *Die Revolution der modernen Kunst* (1955) und *Kunst, Nichtkunst, Antikunst* (1976); Sahl, *Vereinbarkeit des Unvereinbaren* (1950), *Wallpaper Metaphysics* (1951), *Wie modern ist die moderne Kunst?* (Januar 1955) und *Die Pflicht des Kritikers zur Kritik* (Juni 1955). An der Debatte um die moderne Kunst beteiligten sich außerdem Maler wie (u. a.) Rudolf Schlichter (1890–1955) und Karl Hofer (1878–1955). (Hofer, *Schriften*)

49 George Grosz (1893–1959), deutscher Maler und Grafiker. 1933 emigrierte er in die USA, 1959 kehrte er nach Deutschland zurück. Grosz selbst schätzte die Schriften Sedlmayrs, obwohl dort seine eigenen (frühen) Arbeiten als negative Beispiele angeführt sind. Siehe etwa Grosz' Briefe an Marc Sandler (10.3.1950), Hans Sahl (30.7.1950) und Hans Sedlmayr (5.12.1955), in: *Briefe 1913–1959*, 442, 447, 495f.

50 Siehe das Zitat aus Adler, *Zur Massenpsychologie*, oben S. 70.

Denn durch die liberalen Abweichler wird die Mehrheit, deren Verhalten immer noch von Konformismus und „*Unmündigkeit*"[51] geprägt ist, an eben diese Schwächen unangenehm erinnert. Der europäische Kulturbruch, in dem jener Widerstand kulminierte, erscheint so gesehen als Revolte gegen eine liberal gesinnte Elite, deren besondere Leistungen in Wissenschaft und Kunst für die Allgemeinheit traumatisierend waren und von dieser um der Selbstachtung Willen nicht mehr hingenommen werden konnten.[52] Hierzu bemerkt Huizinga in einem Text von 1935, anstelle des „Wissens" und der „Erkenntnis" sei nun einfach die „Macht" zum zentralen Wert erhoben worden. Das „Ziel" der Aufständischen sei „nicht Denken und Wissen, sondern Leben und Tun."[53] Entsprechend schreibt Márai, der das Entstehen des Faschismus in Ungarn miterlebte, 1944 über seine Erfahrungen als Autor und Journalist: „Der Klüngel, der fünfundzwanzig Jahre lang das Land ausbeutete, hat nicht nur darauf geachtet, jeden höheren intellektuellen Anspruch auszufiltern und einzuschüchtern, [...], er hat genauso darauf geachtet, dass die Presse die entsprechende Begleitmusik [zu den Themen Bolschewismus und Judenfrage] zwitschert; [...]." „In Augenblicken großer Veränderungen, wie wir sie jetzt [im Krieg und nach der Besetzung Ungarns durch die Deutschen] erleben, geht die eigentliche Gefahr immer vom Neid der Unbegabten eines Berufsstandes aus, die endlich einen Knüppel in die Hand bekommen haben und mit Machtmanövern einen Kampf beenden zu können meinen, den sie im beruflichen Wettbewerb nicht für sich entscheiden konnten. [/] Das Anwachsen der Massen hat in allen Berufen die Zahl der talentlosen Konkurrenten vermehrt. Diese hassen niemanden so sehr wie den Begabten. Wenn sie die Möglichkeit dazu bekommen – und jetzt haben sie sie –, töten sie ihn."[54] Ähnlich berichtet auch Jaspers von einer Ideologisierung der Forschung an den deutschen Universitäten während der NS-Zeit: „Die Wahrheit wird unbewusst identifiziert mit dem eigenen Interesse: was [...] in dieser [Denk-]Schule als wahr gilt [z. B. Theorien über Eugenik und Rasse[55]], ist die Wahrheit schlechthin. Hier entsteht

---

51 Siehe das Zitat aus Kant, *Beantwortung der Frage: Was ist Aufklärung?*, oben S. 19.
52 Kertész sah umgekehrt in „Auschwitz" „das größte Trauma der Menschen in Europa seit dem Kreuz". (*Galeerentagebuch*, 1973, 32f) Nach der Wende von 1989 erkannte er jedoch, dass dieses Ereignis durchaus nicht nachhaltig gewirkt hat (siehe S. 66).
53 Huizinga, *Im Schatten von morgen* (1935), in: *Schriften zur Zeitkritik*, 62
54 Márai, *Tagebücher 7. 1943–1944*, Notizen von 1944, 179, 197
55 Jaspers, *Die Wissenschaft im Hitlerstaat* (1946), in: *Rechenschaft und Ausblick*, 191

weiter die Politik des Geistigen. Man lobt das Mittelmäßige, bewirkt eine fama, setzt das Bedrohende listig herab; man sucht totzuschweigen und mit all dem die eigene Geltung zu arrangieren."[56]

In zivilisierteren Gesellschaften kann sich der Widerstand gegen den Geist ebenso in der weniger greifbaren Form einer strukturellen Gewalt äußern, wie u. a. Marcuse[57] in *Der eindimensionale Mensch* (1964) und Anders[58] in *Die Antiquiertheit des Menschen* (2 Bde.: 1956, 1980) dargelegt haben. Statt des individuellen Strebens nach Macht scheinen in diesem Fall zunächst objektive soziale Verhältnisse oder ökonomische Gesetze die entscheidenden Faktoren zu sein. Etwa ließe sich die von Márai seit Mitte der 70er Jahre beklagte Flut der „Paraliteratur[59]", die nur ein „synthetischer Ersatz" für die Literatur sei und den Leser nicht inspiriere sondern „betäub[e]", durch die Nachfrage auf dem Buchmarkt plausibel erklären. Aber auch hier stehen konkrete Interessen im Hintergrund, auf welchen Umstand Márai im gegebenen Zusammenhang selbst aufmerksam macht: „Wenn der [anspruchsvolle] Schriftsteller den Kopf aus seinem Katakombenversteck hervorstreckt, fallen die Einpeitscher der Paraliteratur über ihn her und zerfetzen ihn samt seinem Manuskript. Für sie ist er ein Verräter, der das Geschäft verdirbt."[60] Seine Annahme, das Geschäft der Kulturindustrie[61] könne durch einige geistig gehaltvolle Werke gefährdet werden, setzt indes voraus, diese würden das Publikum eventuell doch mehr interessieren als ihre massenhaft verbreiteten Substitute. Und in der Tat lässt sich beobachten, dass ein der Immanenz verhaftetes, geistloses und damit letzten Endes unfreies Leben den Menschen nicht genügt. Schon Mitte des 19. Jahrhunderts bemerkt Schopenhauer, ein derart eingeschränktes Dasein mache den Menschen „klein".[62] Desgleichen erkennt Jaspers in einem Text von 1941, dass die Menschen,

---

56 Jaspers, *Von der Wahrheit*, 497
57 Herbert Marcuse (1898–1979), deutscher Philosoph und Soziologe. 1933 emigrierte er in die Schweiz, seit 1934 lebte er in den USA.
58 Günther Anders (1902–1992), deutscher Schriftsteller und Philosoph. 1933 emigrierte er nach Frankreich, seit 1936 lebte er in den USA und seit 1950 in Wien.
59 Der von Márai verwendete Ausdruck „Paraliteratur" geht wohl auf Sedlmayrs Essay *Kunst, Nichtkunst, Antikunst* von 1976 zurück. Sedlmayr charakterisiert dort ein Kunstwerk, das keine geistige Dimension besitzt, als „Parakunst" respektive als „ästhetisches Objekt". (*Kunst und Wahrheit*, 209)
60 Márai, *Tagebücher 3. 1976–1983*, 1976 und 1980, 23, 106
61 Vgl. Horkheimer/ Adorno, *Dialektik der Aufklärung* (1947, Neuausgabe 1969), Kap. *Kulturindustrie. Aufklärung als Massenbetrug*, 128-176.
62 Siehe das Zitat aus *Parerga und Paralipomena*, oben S. 24, Anm.

deren Leben ohne jede Transzendenz auf den „regulierten Gleisen" der modernen Industriegesellschaft verläuft, durch die „Leere der Unbefriedigung an bloßer Leistung" seelisch verarmen.[63] In Übereinstimmung hiermit schreibt auch Márai in einem Reisebericht von 1959: „In Amerika hat ein jeder die Möglichkeit, zu arbeiten und Geschäfte zu machen, auch das kann Befriedigung bieten. Aber die Freude fehlt der Arbeit, die *art* [das künstlerische, schöpferische Moment] fehlt der Beschäftigung."[64] Ebenso notiert er noch 1975 im Tagebuch: „In Amerika identifiziert sich der Arbeiter (vorerst) mit den Interessen des Systems. Und gleichzeitig ist er unzufrieden, auf eine merkwürdige, nervöse Weise. Etwas fehlt ihm. Vielleicht die Freude."[65] Gerade unter diesen Bedingungen könnten aber Werke, welche die Idee einer geistigen Existenz vermitteln, befreiend wirken. Wer sich von solchen Darstellungen ergreifen ließe, würde gewissermaßen auf ein falsches Gleis gesetzt, das ihn aus der immanenten Scheinwelt des gesellschaftlichen Systems in die transzendente Realität seines eigenen Lebens führt.[66] Freilich müsste hierfür den geistfeindlichen Kräften, die nicht zuletzt vom Publikum selbst ausgehen, durch zweckmäßige künstlerische Mittel begegnet werden. So vermutet bereits Ossip Mandelstam in einer Rezension von 1913, „dass echte Kunst, wenn sie je Erfolg gehabt hat, als Schmuggelware in die Köpfe der Menschen gelangt ist, unter der Flagge ganz anderer Motive."[67]

Demzufolge erscheinen die Hindernisse, die den Erhalt der geistigen Tradition erschweren, grundsätzlich überwindbar. Und es kann die Prognose gewagt werden, dass die moderne Form der geistigen Existenz, die sich in der individuellen Freiheit manifestiert, auch zukünftig bestehen und sich ausbreiten wird. Denn da sie keiner kulturellen Bindung bedarf, ist sie weitgehend immun gegenüber gesellschaftlichen Krisen. Hingegen sieht es so aus, als seien die alten Formen der Religiosität und des Humanismus an eine Grenze gelangt, wie auch die Versuche, durch die Umgestaltung der Gesellschaft ein sozialistisches Ideal zu realisieren.

---

63 Jaspers, *Über meine Philosophie* (1941), in: *Rechenschaft und Ausblick*, 343

64 Márai, *Der Wind kommt vom Westen. Amerikanische Reisebilder* (dt. Erstveröffentl. 1964, Bericht über eine Rundreise in den USA im Jahr 1959), 143

65 Márai, *Tagebücher 4. 1968–1975*, 1975, 249

66 Entsprechend hat Kant unter „*Geist*" das „belebende Prinzip im Gemüte" verstanden, das im „Vermögen der Darstellung *ästhetischer Ideen*" bestehe. (KU, § 49, B 192)

67 O. Mandelstam, *Jack London, »Gesammelte Werke«* (Rezension in *Apollon*, Petersburg, 1913, Nr. 3), in: *Über den Gesprächspartner*, 40

Quellenverzeichnis

Adler, Alfred
– *Alfred Adler Studienausgabe*, Bd. VII - *Gesellschaft und Kultur (1897–1937)*, Hrsg.: A. Bruder-Bezzel, Göttingen (Vandenhoeck & Ruprecht), 2009.

Agamben, Giorgo
– *Was von Auschwitz bleibt. Das Archiv und der Zeuge* (1998), Übers.: St. Monhardt, FfM (Suhrkamp), 2003.

Améry, Jean
– *Geburt der Gegenwart. Gestalten und Gestaltungen der westlichen Zivilisation seit Kriegsende*, Olten/ Freiburg im Breisgau (Olten), 1961.
– *Werke*, 9 Bde., Hrsg.: I. Heidelberger-Leonard, Stuttgart (Klett-Cotta), 2002ff.

Anders, Günther
– *Die Antiquiertheit des Menschen*, 2 Bde., München (Beck), 1956, 1980.

Arendt, Hannah
– *Elemente und Ursprünge totaler Herrschaft* (engl. 1951, dt. 1955), Geleitwort von Karl Jaspers (1955), FfM (Europäische Verlagsanstalt), (4. Aufl.) 1962.

Bacon, Francis
– *Das neue Organon* (1620), Übers.: R. Hoffmann, Berlin (Akademie Verlag), 1962.

Benda, Julien
– *Der Verrat der Intellektuellen* (*La trahison des clercs*, Paris, 1927, um eine Einleitung erweiterte Neuausgabe 1946), Übers.: A. Merin, Vorwort von Jean Améry: *Benda, der Unzeitgemäß-Überzeitliche* [1976], FfM (Ullstein), 1983 (© Carl Hanser Verlag, 1978).

Benn, Gottfried
– *Gesammelte Werke*, 3 Bde., Hrsg.: D. Wellershoff, FfM (Zweitausendeins), 2003 (© Klett-Cotta, 1959, 1960, 1961, 1977).

Berdiajew, Nicolai
– *Der Sinn der Geschichte. Versuch einer Philosophie des Menschengeschickes* (1923, dt. 1925), Übers.: Otto Freiherr von Taube, Tübingen (Otto Reichl), 1950.

Bergson, Henri
– *Das Lachen. Ein Essay über die Bedeutung des Komischen* (1900), Übers.: R. Plancherel-Walter, FfM (Luchterhand), 1988.
– *Die beiden Quellen der Moral und der Religion* (1932), Übers.: E. Lerch, in: *Materie und Gedächtnis und andere Schriften*, FfM (Fischer), 1964.
– *Schöpferische Entwicklung* (1907), Übers.: G. Kantorowicz, Jena (Diederichs), 1912.

Berlin, Isaiah
– *Freiheit. Vier Versuche* (1969), Übers.: R. Kaiser, FfM (Fischer), 1995.

Bohr, Niels
– *Atomtheorie und Naturbeschreibung. Vier Aufsätze mit einer einleitenden Übersicht* (1925–1929), Berlin (Julius Springer), 1931.

Broch, Hermann
– *Kommentierte Werkausgabe*, 13 Bde., Hrsg.: P. M. Lützeler, FfM (Suhrkamp), 1974ff.

Croce, Benedetto
– *Geschichte Europas im 19. Jahrhundert* (1932), Übers.: K. Vossler und R. Peters, FfM (Suhrkamp), 1968 (© Europa-Verlag, Zürich, 1935).

Currie, Pete
– *Muscling in on hominid evolution*, in: *Nature* 428, 25. März 2004, 373f.

Curtius, Ludwig
– *Torso. Verstreute nachgelassene Schriften*, Hrsg.: J. Moras, Stuttgart (Deutsche Verlags-Anstalt), 1957.

Dambitsch, David
- *Im Schatten der Shoah. Gespräche mit Überlebenden und deren Nachkommen*, Berlin/ Wien (Philo), 2002.

Darwin, Charles
- *Über die Entstehung der Arten durch natürliche Zuchtwahl oder die Erhaltung der begünstigten Rassen im Kampfe um's Dasein* (1859), nach der letzten engl. Ausgabe wiederholt durchgesehen von J. V. Carus, Stuttgart (Schweizerbart'sche Verlagsbuchhandlung), (9. Aufl.) 1899 (in: *Digitale Bibliothek Band 2*, Directmedia, Berlin, 2004).

Dewey, John
- *Die Öffentlichkeit und ihre Probleme* (1927, erweitert um eine Einleitung 1946), Hrsg.: H.-P. Krüger, Übers.: W.-D. Junghanns, Berlin/ Wien (Philo), 2001.

Dostojewski, Fjodor Michailowitsch
- *Arme Leute - Der Doppelgänger. Zwei Romane* (1845, 1846), Übers.: E. K. Rashin (Elisabeth Kaerrick), München (Piper), 1920.

Duchamp, Marcel
- *Interviews und Statements*, gesammelt, übersetzt und annotiert von Serge Stauffer, Graphische Sammlung Staatsgalerie Stuttgart, 1992.

Einstein, Albert
- *Grundzüge der Relativitätstheorie* (*Vier Vorlesungen über Relativitätstheorie* [Universität Princeton, 1921], 1922), Braunschweig (Vieweg), (5. Aufl.) 1969.

Eggebrecht, Axel (Hrsg.)
- *Die zornigen alten Männer. Gedanken über Deutschland seit 1945*, Rowohlt (Reinbek), 1979.

Fanon, Frantz
- *Die Verdammten dieser Erde* (Paris, 1961), Vorwort von Jean-Paul Sartre, Übers.: T. König, FfM (Suhrkamp), Einmalige Sonderausgabe 2008 (erste Ausgabe 1966).

Fischer-Tiné, Harald
- *Dekolonisation im 20. Jahrhundert* (2016), Bundeszentrale für politische Bildung, http://www.bpb.de/geschichte/zeitgeschichte/postkolonialismus-und-globalgeschichte/219139/dekolonisation-im-20-jahrhundert [20.12.2018].

Freud, Sigmund
- *Gesammelte Werke*, 18 Bde., Hrsg.: Anna Freud et al., FfM (Fischer), 1999.

Geyer, Christian (Hrsg.)
- *Hirnforschung und Willensfreiheit. Zur Deutung der neuesten Experimente*, FfM (Suhrkamp), 2004.

Goethe, Johann Wolfgang
- *Farbenlehre. Theoretische Schriften*, Darmstadt (Wiss. Buchgemeinschaft), [1953].
- *Gedenkausgabe der Werke, Briefe und Gespräche*, Bd. XXIV - Johann Peter Eckermann, *Gespräche mit Goethe in den letzten Jahren seines Lebens* (1836, 1848), Zürich (Artemis), 1948.
- *Gedenkausgabe der Werke, Briefe und Gespräche*, Ergänzungsband II - *Tagebücher*, Zürich (Artemis), 1964.

Grosz, George
- *Briefe 1913–1959*, Hrsg.: H. Knust, Reinbek (Rowohlt), 1979.

Hegel, Georg Wilhelm Friedrich
- *Werke*, 20 Bde., Hrsg.: E. Moldenhauer und K. M. Michel, FfM (Suhrkamp), 1970.

Heilinger, Jan-Christoph (Hrsg.)
- *Naturgeschichte der Freiheit*, Berlin/ New York (de Gruyter), 2007.

Herder, Johann Gottfried
- *Ideen zur Philosophie der Geschichte der Menschheit* (vier Teile: 1784, 1785, 1787,

1791; Entwurf einer Fortsetzung), *Herder's Werke*, nach den besten Quellen revidierte Ausgabe, Teil 9 – Teil 12 in einem Bd., Hrsg.: H. Düntzer, Berlin (Gustav Hempel), o. J.

Hofer, Karl

– *Schriften*, Hrsg.: D. Kupper, Berlin (Gebr. Mann Verlag), 1995.

Hofmannsthal, Hugo von

– *Gesammelte Werke in Einzelausgaben*, 15 Bde., Hrsg.: H. Steiner, Stockholm (Bermann-Fischer)/ FfM (Fischer), 1945–1959.

Horkheimer, Max/ Adorno, Theodor W.

– *Dialektik der Aufklärung* (1947, Neuausgabe 1969), FfM (Fischer), 2002.

Huizinga, Johan

– *Schriften zur Zeitkritik* enthält: *Im Schatten von morgen* (1935, nach einem Vortrag vom 8. März 1935 in Brüssel), Übers.: W. Kaegi; *Geschändete Welt* (1943, erschienen posth. 1945), Übers.: W. Hirsch, Zürich/ Bruxelles (Occident/ Pantheon), 1948.

Hume, David

– *Eine Untersuchung über den menschlichen Verstand* (1748), Übers.: Raoul Richter, Hamburg (Meiner), 1973.

Irrlitz, Gerd

– *Kant-Handbuch. Leben und Werk*, Stuttgart/ Weimar (Metzler), 2002.

Jaspers, Karl

– *Antwort. Zur Kritik meiner Schrift »Wohin treibt die Bundesrepublik?«*, München (Piper), 1967.
– *Philosophie und Welt. Reden und Aufsätze* (1949–1956), München (Piper), 1958.
– *Rechenschaft und Ausblick. Reden und Aufsätze* (1920–1951), München (Piper), 1951.
– *Vom Ursprung und Ziel der Geschichte* (1949), München (Piper), (Neuausgabe) 1966.
– *Von der Wahrheit* (*Philosophische Logik*, Bd. I, 1947), München/ Zürich (Piper), 1991.
– *Wohin treibt die Bundesrepublik?*, München (Piper), 1966.

Jaspers, Karl/ Sarraute, Nathalie/ Toynbee, Arnold/ Eschenburg, Theodor

– *Werden wir richtig informiert? Massenmedien und Publikum*, vier Essays, zusammengestellt und eingeleitet von Leonhard Reinisch, München (Ehrenwirt), o. J. [1964].

Kandel, Eric Richard

– *Psychiatrie, Psychoanalyse und die neue Biologie des Geistes* (2005), Vorwort von Gerhard Roth, Übers.: M. Bischoff und J. Schröder, FfM (Suhrkamp), 2006.

Kant, Immanuel

– *Kants gesammelte Schriften*, Hrsg.: Königlich Preußische Akademie der Wissenschaften u. a., 1900ff. KrV und KU werden zitiert nach der Originalausgabe, 2. Aufl. (B).

Kertész, Imre

– *Der Betrachter. Aufzeichnungen 1991–2001* (2016), Übers.: L. Kornitzer (1991–1994), H. Flemming (1995–2000) und K. Schwamm (2001), Reinbek (Rowohlt), 2016.
– *Dossier K. Eine Ermittlung* (2006), Übers.: K. Schwamm, Reinbek (Rowohlt), 2006.
– *Die exilierte Sprache. Essays und Reden* (1990–2004), Übers.: K. Schwamm et al., FfM (Suhrkamp), 2004.
– *Galeerentagebuch* (1992), Übers.: K. Schwamm, Berlin (Rowohlt), 1993.
– *Das Geheimnis der Diktatur*, Gespräch mit Stephan Speicher, in: *Berliner Zeitung*, 6.11.2004.
– *Kaddisch für ein nicht geborenes Kind* (1990), Übers.: G. Buda und K. Schwamm, Berlin (Rowohlt), 1992.
– *Lieber sich allem verweigern als eine Marionette sein. Über die Fragilität all unserer Gewissheiten*, Interview von Marko Martin, in: *MUT* 425, Januar 2003, 52-56.

Kierkegaard, Sören

– *Die Schriften über sich selbst*, Übers.: E. Hirsch, Düsseldorf/ Köln (Diederichs), 1964.

Kröner (Verlag)
 – *Philosophisches Wörterbuch*, Stuttgart (Kröner), (20. Aufl.) 1978.
Landau, Lew Dawidowitsch/ Lifschitz, Jewgeni Michaliowitsch
 – *Lehrbuch der theoretischen Physik*, 10 Bde., Berlin (Akademie-Verlag), 1962ff.
Locke, John
 – *Über den menschlichen Verstand. Eine Abhandlung von John Locke* (1690), 2 Bde.,
   Übers.: Th. Schulze (1897), Leipzig (Reclam), o. J.
Mandelstam, Nadeschda
 – *Das Jahrhundert der Wölfe. Eine Autobiographie* (*Vospominanija* [*Erinnerungen*],
   Chekhov Publishing House, New York, 1970), Übers.: E. Mahler, FfM (Fischer), 1971.
 – *Generation ohne Tränen. Erinnerungen* [Bd. 2 der *Autobiographie*] (*Vtoraja kniga* [*Das
   zweite Buch*], YMCA-Press, Paris, 1972), gekürzte Ausgabe, Übers.: G. Schramm, FfM
   (Fischer), 1975.
Mandelstam, Ossip
 – *Gesammelte Essays*, Bd. I: *Über den Gesprächspartner (1913–1924)*, Bd. II: *Gespräch
   über Dante (1925–1935)*, Übers. u. Hrsg.: R. Dutli, FfM (Fischer), 1994.
 – *Das Rauschen der Zeit. Gesammelte »autobiographische« Prosa der 20er Jahre*,
   Übers. u. Hrsg.: R. Dutli, Zürich (Ammann), 1985.
Mann, Thomas
 – *Das essayistische Werk*, Taschenbuchausgabe, 8 Bde., Hrsg.: H. Bürgin, FfM (Fischer
   Bücherei), 1968.
Márai, Sándor
 – *Tagebücher*, 7 Bde. (Aufzeichnungen der Jahre 1943–1989, im ungarischen Original
   veröffentlicht 1945–1985 und [a. d. Nachlass] 1997), Übers.: H. Skirecki, P. Kárpáti
   und Ch. Polzin, Hrsg.: S. Heinrichs, Berlin/ St. Petersburg (Oberbaum), 2000f.
 – *Der Wind kommt vom Westen. Amerikanische Reisebilder*, Übers. (aus dem ungarischen
   Manuskript): A. Saternus, München (Piper), 2002 (© Langen Müller, 1964, 2000).
Marcuse, Herbert
 – *Der eindimensionale Mensch* (Boston, 1964), Übers.: A. Schmidt, Neuwied/ Berlin
   (Luchterhand), 1967.
Mayer, Hans
 – *Goethe. Ein Versuch über den Erfolg* (1973), FfM (Suhrkamp), 1984.
Mayer, Julius Robert von
 – *Die Mechanik der Wärme. Sämtliche Schriften*, Hrsg.: H. P. Münzenmayer, Stadtarchiv
   Heilbronn, 1978. Daraus zitierte Abhandlungen:
 - *Bemerkungen über die Kräfte der unbelebten Natur*, in: *Annalen der Chemie und
   Pharmacie von Wöhler und Liebig*, Bd. XLII, 2. Heft, 31. Mai 1842, 233-240.
 - *Die organische Bewegung in ihrem Zusammenhange mit dem Stoffwechsel*,
   Heilbronn (Verlag der C. Drechsler'schen Buchhandlung), 1845.
 - *Über Auslösung*, in: *Staatsanzeiger für Württemberg*, 22. März 1876, Beilage, 104-107.
Mill, John Stuart
 – *Über die Freiheit* (1859), Übers.: E. Pickford, FfM (J. D. Sauerländer's Verlag), 1860.
Nietzsche, Friedrich
 – *Werke in drei Bänden*, Hrsg.: K. Schlechta, München (Hanser), 1954.
Ortega y Gasset, José
 – *Gesammelte Werke in sechs Bänden*, Stuttgart (Deutsche Verlags-Anstalt), 1978.
Peirce, Charles Sanders
 – *Phänomen und Logik der Zeichen* (*Syllabus of Certain Topics of Logic*, Manuskript
   zu einer Vorlesung von 1903, Lowell Institute, Boston), Übers.: H. Pape, FfM
   (Suhrkamp), 1998.

Pennisi, Elizabeth
– *The Primate Bite: Brawn Versus Brain?*, in: *Science* 303, 26. März 2004, 1957.
Piaget, Jean/ Inhelder, Bärbel
– *Die Psychologie des Kindes* (1966), Übers.: L. Häflinger, Olten/ Freiburg i. Br.
(Walter-Verlag), 1972.
Popper, Karl Raimund
– *Die offene Gesellschaft und ihre Feinde* (1945), 2 Bde., Übers.: P. K. Feyerabend,
München (Francke), 1980.
Rosenberger, Ferdinand
– *Die Geschichte der Physik in Grundzügen*, 3 Bde., Braunschweig (Vieweg),
1882, 1884, 1887–1890 (Digitalisat auf www.archive.org).
Sahl, Hans
– *Memoiren eines Moralisten. Das Exil im Exil* [*Memoiren eines Moralisten* II] (1983,
1990), Hamburg (Luchterhand), 1994.
– *Die Pflicht des Kritikers zur Kritik. Ein vorläufiges Schlusswort zur Kunst-Debatte*,
in: *Der Monat*, Juni 1955, 279-281.
– *Vereinbarkeit des Unvereinbaren. Zur abstrakten Malerei* (NZZ, 29. Jan. 1950), in: *»Und
doch …«. Essays und Kritiken aus zwei Kontinenten*, FfM (Luchterhand), 1991, 213-216.
– *Wallpaper Metaphysics. Notes on Modern Art*, in: *The Commonweal*, 22. Juni 1951,
Vol. LIV, Nr. 11, 263-265.
– *Die Wenigen und die Vielen. Roman einer Zeit* (1959, Goverts Verlag, FfM),
Hamburg/ Zürich (Luchterhand), 1991.
– *Wie modern ist die moderne Kunst? Ein Diskussionsbeitrag*, in: *Der Monat*, Januar 1955,
353-357.
Sambursky, Shmuel
– *Der Weg der Physik. 2500 Jahre physikalischen Denkens*, Texte von Anaximander bis
Pauli, ausgewählt und eingeleitet von Shmuel Sambursky, München (DTV), 1978.
Schlick, Moritz
– *Fragen der Ethik* (1930), FfM, 2002.
Schopenhauer, Arthur
– *Arthur Schopenhauers sämtliche Werke*, 16 Bde. (nicht erschienen: VII, VIII und XII),
Hrsg.: Paul Deussen, Franz Mockrauer et al., München (Piper), 1911–1942.
Sedlmayr, Hans
– *Kunst, Nichtkunst, Antikunst* (Erstveröffentl. in: *Studien zur vergleichenden Kunst-
wissenschaft* VI, Tokyo, 1976), in: *Kunst und Wahrheit. Zur Theorie und Methode der
Kunstgeschichte*, vermehrte Neuausgabe, Mittenwald (Mäander), 1978.
– *Die Revolution der modernen Kunst* (1955, Band 1 von ›rowohlts deutscher
enzyklopädie‹), Köln (DuMont), 1985.
– *Über die Gefahren der modernen Kunst* (Vortrag auf dem 1. Darmstädter Gespräch,
1950), in: H. G. Evers (Hrsg.), *Das Menschenbild in unserer Zeit*, Darmstadt (Neue
Darmstädter Verlagsanstalt), o. J. [1951].
– *Verlust der Mitte* (1948), Berlin (Ullstein), 1955 (Lizenz Otto Müller Verlag, Salzburg).
Shelley, Percy Bysshe
– *Shelley's Prose Works*, 2 Bde., London (Chatto & Windus), 1912.
Städtke, Klaus (Hrsg.)
– *Welt hinter dem Spiegel. Zum Status des Autors in der russischen Literatur der 1920er
bis 1950er Jahre*, Berlin (Akademie Verlag), 1998.
Stedman, Hansell H. et al.
– *Myosin gene mutation correlates with anatomical changes in the human lineage*,
in: *Nature* 428, 25. März 2004, 415-418.

Tomasello, Michael
 – *Die kulturelle Entwicklung des menschlichen Denkens. Zur Evolution der Kognition* (Harvard University Press, 1999), Übers.: J. Schröder, FfM (Suhrkamp), 2006.
Uexküll, Jakob Johann von
 – *Theoretische Biologie* (Berlin, 1920, neu bearb. Aufl. 1928), FfM (Suhrkamp), 1973.
 – *Umwelt und Innenwelt der Tiere* (1909), Berlin (Julius Springer), (2. Aufl.) 1921.
Vico, Giambattista
 – *Prinzipien einer neuen Wissenschaft über die gemeinsame Natur der Völker* (1725, erweitert 1744), Übers.: V. Hösle und Ch. Jermann, Hamburg (Meiner), 2009.
Walter, Sven
 – *Illusion freier Wille? Grenzen einer empirischen Annäherung an ein philosophisches Problem*, Stuttgart (Metzler), 2016.
Weber, Alfred
 – *Kulturgeschichte als Kultursoziologie* (1935, erweitert 1950), München (Piper), 1963.
Worringer, Wilhelm
 – *Fragen und Gegenfragen. Schriften zum Kunstproblem*, München (Piper), 1956.

Personenregister

Adler, Alfred 70, 78
Adorno, Theodor W. 80
Agamben, Giorgo 58
Alexius von Edessa 75
Améry, Jean (Hans Mayer) 7, 8, 61, 66, 72, 73
Anders, Günther (Günther Siegmund Stern) 80
Arendt, Hannah 8, 16, 17, 22, 69
Aristoteles 32
Bacon, Francis 30, 31, 32
Benda, Julien 64
Benn, Gottfried 77
Berdiajew, Nicolai 30, 39
Bergson, Henri 30, 39, 50, 63, 64
Berlin, Isaiah 23, 24
Bohr, Niels 40, 41
Boltzmann, Ludwig 48
Brahe, Tycho 29
Broch, Hermann 8, 54, 68, 69, 75, 76
Buchenau, Artur 38
Clausius, Rudolf 48
Croce, Benedetto 62
Currie, Pete 52
Curtius, Ludwig Michael 56, 57, 58
Dambitsch, David 74
Darwin, Charles 45, 52, 55, 61
Dewey, John 67
Dostojewski, Fjodor Michailowitsch 21, 22
Duchamp, Marcel 73, 78
Eckermann, Johann Peter 74, 75
Eggebrecht, Axel 72
Einstein, Albert 26, 39, 40
Fanon, Frantz 72
Fischer-Tiné, Harald 71
Freud, Sigmund 13, 26, 52, 70
Friedrich Wilhelm II 62
Galvani, Luigi 45
Geyer, Christian 12
Goethe, Johann Wolfgang von 7, 61, 74, 75
Gozzi, Carlo 59
Grosz, George (Georg Ehrenfried Groß) 78
Haeckel, Ernst 61
Hegel, Georg Wilhelm Friedrich 60, 61, 62, 65
Heilinger, Jan-Christoph 14
Herder, Johann Gottfried von 55, 56
Hofer, Karl 78

Hofmannsthal, Hugo von 75, 76, 77
Horkheimer, Max 80
Huizinga, Johan 8, 62, 79
Hume, David 35, 36, 37, 45
Inhelder, Bärbel 15
Irrlitz, Gerd 62
Jaspers, Gertrud (Frau von Karl Jaspers, geb. Mayer) 8, 57
Jaspers, Karl 7, 8, 14, 56, 57, 58, 61, 62, 69, 70, 71, 72, 78, 79, 80, 81
Jesus Christus 19, 30, 31, 56, 62, 66, 77
Joule, James Prescott 50
Kandel, Eric Richard 26, 28, 53
Kant, Immanuel 7, 9, 10, 11, 12, 14, 19, 22, 23, 26, 27, 29, 35, 38, 42, 43, 44, 45, 50, 56, 60, 62, 63, 78, 79, 81
Kepler, Johannes 29
Kertész, Imre 8, 19, 25, 54, 58, 59, 61, 65, 66, 73, 74, 78, 79
Kierkegaard, Sören 19
Kissel, Wolfgang Stephan 17
Landau, Lew Dawidowitsch 48
Lehmann, Gerhard 38
Lenin, Wladimir Iljitsch 61
Libet, Benjamin 12, 13, 14
Liebig, Justus von 45
Lifschitz, Jewgeni Michaliowitsch 48
Locke, John 32, 33, 34, 35, 37, 38
London, Jack 81
Mandelstam, Nadeschda 8, 17, 18, 19, 20, 21, 22, 23, 57, 64
Mandelstam, Ossip 8, 17, 18, 21, 81
Mann, Thomas 8, 65, 66
Márai, Sándor 8, 79, 80, 81
Marcuse, Herbert 80
Martin, Marko 74
Mayer, Hans 61
Mayer, Julius Robert von 45, 46, 47, 48, 49, 50
Mill, John Stuart 53
Müller, Olaf L. 14
Newton, Isaac 7, 29, 33, 34, 35, 36, 38, 39, 44
Nietzsche, Friedrich 7, 14, 15, 16, 18, 23, 54, 55, 56, 59, 60, 61, 62, 63, 64, 65, 67, 68, 74, 76
Ortega y Gasset, José 8, 62, 70
Peirce, Charles Sanders 16, 39, 67

Bernhard Sarin, geboren 1965, Diplom Physik, Studium Malerei/ Grafik, Dissertation in Philosophie über das Werk von Imre Kertész, freischaffender Künstler und Autor

Veröffentlichungen:

Altar
Katalog, Red.: Dorothee Höfert, Staatliche Akademie der Bildenden Künste Karlsruhe, 1999

Ein Leben als Artikulation. Die anthropologische Ikonographie der Schriften von Imre Kertész
Universitätsverlag Potsdam, 2010
Rezension: Ulrich M. Schmid, *Osteuropa* 61 (2011), Nr. 12, 407f

Lewis Hine revisited. Der anthropologische Ansatz von Lewis Hines Work Portraits
BoD – Books on Demand, Norderstedt, 2015, neu gestaltete Auflage 2019

Spanish Village 1983. Fotografien
BoD – Books on Demand, Norderstedt, 2016, neu gestaltete Auflage 2018

Eingeschlossen in Fiktionen. Der Lot-Roman von Imre Kertész
BoD – Books on Demand, Norderstedt, 2018